DÍA A DÍA CON SAN JOSÉ

"Jose . . . era un hombre justo" (Mt 1:19).

DÍA A DÍA CON SAN JOSÉ

MEDITACIONES DE MINUTOS PARA CADA DÍA QUE CONTIENEN UNA LECTURA DE LAS ESCRITURAS, UNA REFLEXIÓN Y UNA ORACIÓN

por

Mons. José Champlin

y

Mons. Kenneth Lasch

C.B. P.C.

Ilustrado

CATHOLIC BOOK PUBLISHING CORP.

Nueva Jersey

CONTENIDO

NIHIL OBSTAT: Rev. Cesar Jaramillo
Censor Librorum

IMPRIMATUR: ✠ Kevin J. Sweeney, D. D.
Obispo de Paterson

January 31, 2025

El Nihil Obstat e Imprimatur son declaraciones oficiales de que un libro o libreto es libre de error doctrinal o moral. Esto no quiere decir, de ningún modo, que los que han concedido el Nihil Obstat e Imprimatur están de acuerdo con sus contenidos, opiniones, o afirmaciones.

Traducido por Rev. Darwin Lastra.

(T-162S)

ISBN 978-1-958237-79-3

Impreso en China 25 HA 2

catholicbookpublishing.com

Introducción

Día a día con San José iniciado por Mons. Joseph Champlin celebra el centenario de Catholic Book Publishing Corp. y su marca registrada edición St. Joseph, es sinónimo de tradición, calidad y valor para los lectores de todas las edades.

Aunque es conocido a nivel nacional por sus escritos, conferencias y retiros, el mayor don de Mons. Champlin fue su extraordinario cuidado pastoral por las personas. Su prematura muerte que fue el 17 de enero de 2008, después de completar los primeros tres meses de este libro, me permitió el claro privilegio de completar el trabajo que él inició con gran devoción y entusiasmo.

Teniendo presente la intención básica de Mons. Champlin para honrar a San José como modelo, ayudante, patrón y protector, elegí ampliar la selección de textos bíblicos para incluir muestras del leccionario diario. De esta manera, los lectores pueden experimentar una conexión con la celebración de la Eucaristía en la Iglesia, y para quienes asisten a Misa diaria, estas reflexiones pueden ayudarles a sostener el ritmo de su vida litúrgica.

Bajo la guía de San José, Patrono de la Iglesia Universal y de Catholic Book Publishing Corp., estas reflexiones buscan promover la devoción de aquel santo varón que protegió a María y a

Jesús durante su vida en la tierra. Como ocurre con todos los libros de la Serie Vida Espiritual, cada día comienza con un pasaje de las Escrituras, seguido de una breve reflexión y una oración pertinente.

En este volumen especialmente conmemorativo, invocamos la bendición de San José para los pobres, los enfermos, los moribundos y para todos los trabajadores, sacerdotes, y padres de familia. Que a través de su intercesión y ejemplo de completa confianza y obediencia a la voluntad del Padre, podamos seguir sus pasos orando con él y a través de él.

Oro para que estas reflexiones honren a San José y les proporcionen una fuente diaria de enriquecimiento para su camino espiritual.

Mons. Kenneth Lasch

CUANDO José se levantó del sueño, hizo lo que el ángel del Señor le había ordenado. Tomó a María en su casa como su esposa. —Mt 1:24 **EN. 1**

Modelo de paciencia

REFLEXIÓN. El embarazo de María confundió a José, pero el ángel le dijo: No temas, porque este niño ha sido concebido por el Espíritu Santo.

San José nos da ejemplo de cómo ser pacientes y esperar la guía divina para luego llevar a cabo las instrucciones de Dios.

ORACIÓN. *San José nos da ejemplo para ser paciente, confiar y cumplir las instrucciones de Dios.*

LUEGO descendió con ellos y vino a Nazaret, y les obedeció. —Lc 2:51 **EN. 2**

Sé nuestro ayudante

REFLEXIÓN. Después de pensar que Jesús estaba perdido, María dijo: ¿por qué nos hecho esto? Tu padre y yo te buscábamos con ansiedad (Lc 2:48).

Ese estrecho vínculo entre Jesús, María y José se intensificó y se transformó después de la Resurrección.

ORACIÓN. *San José, por favor ruega ahora en mi nombre a tu esposa y a su Hijo.*

DE PIE cerca de la Cruz de Jesús estaban su Madre y la hermana de su Madre, María, la esposa de Clopas, y María Magdalena. —Jn 19:25

EN. 3

Patrón de los moribundos

REFLEXIÓN. Al morir Jesús lo rodeaba personas que lo amaban. Pero la Biblia no narra la Muerte de José.

Pero creemos que José murió en brazos de María y Jesús. San José es el patrono de los moribundos.

ORACIÓN. *San José, regálame de tu paz en el momento de mi muerto.*

LEVANTATE, toma al niño y a su madre, y huye a Egipto. Quédate ahí hasta que yo te lo diga. Herodes busca al niño para matarlo. —Mt 2:13

EN. 4

Protector de la Iglesia

REFLEXIÓN. José protegió a Jesús en su infancia y a María.

Advertido por el Ángel, huye a Egipto. Finalmente, fue advertido y se dirigió a Nazaret en Galilea.

ORACIÓN. *San José, que a través de tus intercesiones la Iglesia crezca en bondad y sabiduría.*

SOY la luz del mundo. El que me sigue nunca caminará en tinieblas. —Jn 8:12

EN. 5

Imitación de Cristo

REFLEXIÓN. José vivió con Jesús durante su infancia. Fue testigo de la santidad de Jesús, por tanto, imitaría sus virtudes.

Las virtudes de José fueron probadas durante momentos difíciles. Sin duda, fue recompensado con paz y serenidad.

ORACIÓN. *San José, ayúdanos a imitar a Jesús, que es el camino, verdad y vida.*

Y TODOS en la multitud intentaban tocarlo, porque de Él salió poder y los sanó a todos. —Lc 6:19

EN. 6

Esperanza de los Enfermos

REFLEXIÓN. San Andre Bessette, era Famoso por sanar a enfermos, pero él le decías a los afligidos: “acudan a San José” o “rueguen a San José” innumerables muletas y bastones cuelgan en el techo como testimonio de los Milagros.

La Iglesia en las letanías llama a José como Esperanza de los enfermos.

ORACIÓN. *San José, intercede ante Jesús por todos los enfermos.*

ESTA, en verdad, es la voluntad de mi Padre: que todos los que vean al Hijo y crean en Él, tengan vida eterna, y yo los resucitaré en el día postrero. —Jn 6:40

EN. 7

Consolador de los atribulados

REFLEXIÓN. Henri Nouwen al morir su madre la describió como una mujer santa que asistía a Misa diariamente. Su visión de la santidad de Dios era tan vîvida que le preocupaba estar ante Dios que es todo puro, al final de su vida.

Fortalecida por su oración a San José, obtuvo paz, confiando que el amor de Dios la llevaría a la eternidad.

ORACIÓN. *San José, quédate conmigo cuando esté enfermo y quédate a mi lado cuando muera.*

JESÚS dijo a su madre: 'Mujer, he aquí tu hijo'. Luego dijo al discípulo: 'He aquí tu madre.' —Jn 19:26-27

EN. 8

Ayudante de María

REFLEXIÓN. La tradición católica considera este momento que Jesús está encomendando la Iglesia, al apóstol Juan, a su madre.

Dotada de ciertas cualidades divinas, la Iglesia es, también muy humana y siempre necesitada de reforma y mejora.

ORACIÓN. *San José, que tú y María, velen y protejan a la Iglesia.*

CUALQUIERA que quiera seguirme debe negarse a sí mismo, tomar su cruz cada día y seguirme. —Lc 9:23

EN. 9

Portadores de la Cruz

REFLEXIÓN. La cruz de Cristo incluyó rechazos, una flagelación dolorosa, una corona de espinas y en definitiva la crucifixión.

San José también soportó cruces difíciles, como pensar que no había posada en Belén, el viaje a una tierra pagana y desconocida, cuando el Niño se perdió en el templo.

ORACIÓN. *San José, ayúdame a llevar con valentía mis cruces diarias.*

ESTOY agradecido con Dios, a quien adoro con la conciencia limpia como lo hicieron mis ancestros, cuando te recuerdo constantemente en mis oraciones día y noche.

—2 Tm 1:3

EN. 10

Un hombre de oración

REFLEXIÓN. Aquí San Pablo oraba por su colega Timoteo. En otros pasajes de las escrituras él nos enseñó a orar sin cesar.

San José, como judío fiel, habría orado diariamente en casa y en la sinagoga tal como Jesús.

ORACIÓN. *San José ayúdame a orar constantemente como tú y San Pablo.*

SIEMPRE el que come mi carne y bebe mi sangre tiene vida eterna. —Jn 6:54

EN. 11

Esperanza de vida eterna

REFLEXIÓN. El ritual de los enfermos dice: La celebración de la Eucaristía como viático, es el sacramento propio del cristiano moribundo.

Es la culminación de la vida cristiana en la tierra.

ORACIÓN. *San José, acompáñame cuando reciba el viático al final de mi vida.*

MANTÉNGANSE despierto y oren para que no entren en tentación. El espíritu está pronto, pero la carne es débil. —Mt 26:41

EN. 12

Fortaleza en la debilidad

REFLEXIÓN. Los apóstoles caminaron con Jesús, escucharon su palabra y presenciaron los milagros; aunque en tiempo difíciles, uno traicionó, otro lo negó y el resto huyó.

Los miembros de la Iglesia comparten la misma humanidad débil de los Apóstoles. Afortunadamente, San José ora por todos sus miembros.

ORACIÓN. *San José, danos fuerza para luchar contra la tentación.*

¿NO ES este el carpintero, el hijo de María y el hermano de Santiago, José, Judas y Simón? —Mc 6:3

EN. 13

Un hombre trabajador

REFLEXIÓN. El extracto bíblico de hoy indica que San José ya había muerto antes de que Cristo comenzara su ministerio público. Sin duda José le había enseñado el oficio de carpintero a Jesús quien conocía el trabajo manual y arduo.

La Iglesia celebra el 1 de mayo, la fiesta "José Obrero".

ORACIÓN. *San José, recuérdanos la dignidad, la importancia y el valor del trabajo.*

PEDID, y se os dará; Buscad y encontrarás; llamad y se os abrirá la puerta. —Mt 7:7

EN. 14

Oración en la oscuridad

REFLEXIÓN. La autora Elizabeth Gilbert era una mujer con problemas, sufría de desesperación personal la cual la llevó a la oración. En su libro *Eat, Pray, and Love*, escribió: "comencé a orar. Ya sabes, como es Dios".

En los momentos oscuros, recurría a la oración. Sin duda, San José debió haber hecho lo mismo.

ORACIÓN. *San José, ayúdame a pedir, buscar y llamar en las buenas y en las malas.*

EL CLAMO: "Padre, en tus manos encomiendo mi espíritu." —Lc 23:46

EN. 15

Rendirse ante la muerte

REFLEXIÓN. Jesús oraba frecuentemente los Salmos. Sin duda San José le enseñó estas palabras de entrega en la Cruz.

Cuando San José estaba muriendo, podemos imaginar a Jesús y María abrazándolo y susurrándole el mismo Salmo al oído.

ORACIÓN. *Jesús, María y José, ruego estén conmigo en mis últimos momentos.*

SOIS, pues, el cuerpo de Cristo, y cada uno de vosotros sois parte de él. —1 Cor 12:27

EN. 16

Orando por la Iglesia

REFLEXIÓN. Los incidentes reportados de escándalos sexuales han sido una herida terrible en la Iglesia Católica tanto aquí como en el extranjero. Esto nos recuerda que, si bien Cristo es la cabeza de la Iglesia, sus miembros son frágiles, humanos y vulnerables.

Esto nos debería impulsar a orar por la Iglesia y a estar agradecidos de que San José también ore por ella y la proteja.

ORACIÓN. *San José, ayúdanos a recordar que el Espíritu Santo vela por la Iglesia y nos fortalece, sus miembros débiles.*

POR lo tanto, se levantó, tomó al niño y a su madre, y partieron aquella noche hacia Egipto, donde permanecieron hasta la muerte de Herodes. —Mt 2:14

EN. 17

Obediente y Leal

REFLEXIÓN. Las Letanías de San José lo llaman "obediente y leal".

• Se levantó del sueño e hizo lo que el ángel le ordenó y tomó a María por esposa.

• Se levantó de otro sueño y esa misma noche partió hacia Egipto.

• Después de dos mensajes recibidos en sus sueños, tomó al niño y a su madre y regresó a Israel.

ORACIÓN. *San José, que yo también sea obediente a la voluntad de Dios.*

"**S**OY el Alfa y la Omega", dice el Señor Dios, "el que es, el que era y el que ha de venir, el Todopoderoso." —Ap 1:8

EN. 18

Nuestro Dios Todopoderoso

REFLEXIÓN. Los monjes trapenses siete veces al día alaban a Dios con canciones. La mayor parte de su oración cantada se centra en los Salmos.

Al final de cada oración, se inclinan profundamente y cantan una doxología: "Alabado sea el Padre, el Hijo y el Espíritu Santo, el Dios que es, que era y que ha de venir, hasta el fin de los siglos".

ORACIÓN. *San José, junto con todos los ángeles y santos del cielo, alabemos a Dios.*

SI QUIERES, pasa de mi esta copa. Pero no se haga mi voluntad, sino la tuya.—Lc 22:42

EN. 19

Déjalo ir

REFLEXIÓN. El Cardinal Joseph Bernardin, escribió un pequeño libro, *The Gift of Peace*, en el que describió su lucha contra el cáncer.

Su recomendación para todas esas dificultades fue "dejar ir": soltar de nuestro alcance aquellas cosas que nos cohíben desarrollar una relación íntima con el Señor Jesús.

ORACIÓN. *San José, ayúdame a "dejar ir" con fe y confianza como debiste haberlo hecho.*

QUERIDOS hijos, amémosno no de palabra, sino de hecho y en verdad.
—Jn 3:18

EN. 20

Amaos los unos a otros

REFLEXIÓN. Se decía de los primeros cristianos: "Mirad cómo se aman unos a otros".

La Iglesia predica un mensaje similar en la Fiesta de la Sagrada Familia para que podamos imitarla en la práctica de las virtudes de la vida familiar y en los vínculos de la caridad.

ORACIÓN. *San José, que nos amemos unos a otros como lo hizo la Sagrada Familia.*

TEN coraje! Soy yo, no tengáis miedo. —Mt 14:27

EN. 21

Un hombre valiente

REFLEXIÓN. Los Apóstoles estaban en una barca, a cierta distancia de la orilla, azotada por las olas y el fuerte viento. Jesús se acercó a ellos sobre el agua y les dijo el pasaje mencionado arriba.

San José, encargado del cuidado de María y de Jesús, fue un hombre valiente. Los protegió de Herodes que buscaba matar al Niño.

ORACIÓN. *Valiente San José, ayúdame a tener coraje y a no tener miedo.*

EN TODAS sus oraciones y súplicas, oren sin cesar. —Ef 6:18

EN. 22

Unidos en la fe

REFLEXIÓN. En el Credo de los Apóstoles expresamos nuestra fe en la Comunión de los Santos. Existe un vínculo amoroso de oración entre quienes estamos en la tierra y quienes están en el cielo.

En las Letanías de San José rezamos: "Mientras disfrutamos de su protección en la tierra, tenemos la ayuda de sus oraciones en el cielo".

ORACIÓN. *San José, ruega por nosotros ahora y en la hora de nuestra muerte.*

PORQUE, así como compartimos abundantemente los sufrimientos de Cristo, así también por medio de Cristo recibimos nuestro consuelo. —2 Cor 1:5

EN. 23

Sufrimiento por los demás

REFLEXIÓN. San Juan Pablo II en *El significado cristiano del sufrimiento humano*, habló de la conexión entre nuestros sufrimientos y la Cruz de Cristo. Nos enseñó que unidos al Señor en el Calvario, participaremos en su obra de salvar a otros.

San José no estuvo al pie de la Cruz, pero ciertamente experimentó el sufrimiento en la tierra.

ORACIÓN. *San José, ayúdame a estar junto a la Cruz de nuestro Señor.*

PADRE Santo, protege con el poder de tu nombre a los que me has dado, para que sean uno, así como nosotros somos uno. —Jn 17:11

EN. 24

Unidad entre los creyentes

REFLEXIÓN. Los cristianos, los judíos y los musulmanes tienen en comun creencias y prácticas espirituales: un solo Dios, la oración diaria, el culto semanal, la ayuda a los pobres y el ayuno.

Un líder, ansioso por lograr la unidad, comentó: "Sólo hay dos tipos de personas en mi vida: las que amo y las que no conozco".

ORACIÓN. *San José, ayúdanos a conocernos mejor, amarnos más y a vivir en paz.*

ASI que no os preocupéis por el mañana, porque el mañana se cuidará solo, los días tienen sus propios problemas.

—Mt 6:34

EN. 25

No os preocupiés

REFLEXIÓN. En unos párrafos sobre nuestra dependencia de Dios, Jesús usó la palabra preocupación o su equivalente: "No os preocupéis", "Alguno de vosotros puede preocuparse", "Dejar de estar ansioso", "No os preocupéis".

San José tenía muchas preocupaciones importantes. ¿Se preocupó? Una buena pregunta.

ORACIÓN. *San José, ayúdame a preocuparme menos y a aumentar mi fe en Dios.*

HIJO, ¿por qué nos has hecho esto? Tu padre y yo te hemos estado buscando con gran ansiedad. **—Lc 7:48**

EN. 26

Dos padres ansiosos

REFLEXIÓN. Después de tres días, los padres de Jesús finalmente lo encontraron sentado entre los maestros, escuchándolos y haciéndoles preguntas.

Quienes lo oyeron quedaron asombrados de sus preguntas, quedando también asombrados José y María. Como cualquier padre o madre estaban ansiosos y preocupados.

ORACIÓN. *San José, en mis ansiedades como padre, acudo a ti en busca de ayuda.*

¿DÓNDE, oh muerte, está tu victoria? ¿Dónde, oh muerte, está tu aguijón? —1 Cor 15:55

EN. 27

Miedo a la muerte

REFLEXIÓN. Nuestra muerte es lo más seguro en este mundo. Enfrentamos la muerte con una buena vida, fe en Jesús y confianza en su promesa de una vida eterna.

San José ciertamente trajo esos elementos a su propia muerte, además de estar rodeado de su esposa e hijo adoptivo.

ORACIÓN. *San José, patrono de los moribundos, quédate a mi lado durante mis últimos momentos.*

PON toda tu ansiedad sobre Él, porque Él se preocupa por ti. —1 Pe 5:7

EN. 28

Rendirse a Dios

REFLEXIÓN. San Juan XXIII tenía casi 80 años cuando asumió el cargo de Santo Padre. Como líder de la Iglesia, llevó muchas cargas sobre sus hombros, incluido el enormemente importante Concilio Vaticano Segundo.

Cada noche se arrodillaba ante el Santísimo Sacramento y entregaba todo a Dios: "Señor, es tu Iglesia, me voy a la cama".

ORACIÓN. *San José, guarda y proteje a nuestro actual Santo Padre.*

ABRAHAM puso su fe en Dios, y le fue contada por justicia. —Rm 3:3

EN. 29

Fe, no obras

REFLEXIÓN. Abraham fue santificado y salvado por su fe en Dios. La fe se puede definir simplemente como un don interior de Dios que mira y ve algo más.

Vemos más allá de la belleza de la naturaleza y descubrimos a Dios Creador, más allá de la Sagrada Eucaristía y experimentamos la Presencia Real de Cristo.

ORACIÓN. *San José, Luz de los Patriarcas, ruega por nosotros.*

LOS apóstoles dijeron al Señor: "Aumenta nuestra fe." —Lc 17:5

EN. 30

Aumenta nuestra Fe

REFLEXIÓN. San Carlos de Foucauld cometió errores en sus primeros años de vida y debilitó su fe.

Incluso después de reformar su vida, todavía luchaba con su fe. Todos los días repetía a menudo lo que llamaba su "extraña" oración: "Señor, si existes, hazme conocer tu presencia".

ORACIÓN. *San José, fiel guardián de Cristo, ruega por nosotros.*

PORQUE, así como el cuerpo sin espíritu está muerto, así también la fe sin obras está muerta. —Sant 2:26

EN. 31

Fe sin obras

REFLEXIÓN. Si bien sólo podemos ser salvados por la fe en Jesús, esa fe debe desbordarse en buenas obras. Las buenas obras surgen de corazones que se entregan, aman y se sacrifican.

Quizás el más exigente de los mandamientos del Señor está en el pasaje de las ovejas y las cabras: "Todo lo que no hagáis por los más pequeños de mis hermanos y hermanas, a mi no me lo haréis".

ORACIÓN. *San José, amante de los pobres, ruega por nosotros.*

NO TODO el que me dice: "Señor, Señor", entrará al Reino de los cielos, pero sólo aquel que haga la voluntad de mi Padre celestial. —Mt 7:1

FEBR. 1

La voluntad de mi padre

REFLEXIÓN. En enero reflexionamos sobre San José como modelo y patrono de los moribundos y protector de la Iglesia.

A lo largo de las próximas semanas trataremos de comprender cuál es la voluntad del Padre celestial que debemos seguir o llevar a cabo.

ORACIÓN. *San José, ayúdame a ser como tú y que haga siempre la voluntad de Dios.*

TÚ ERES sacerdote para siempre, según el rito de Melquisedec. —He 5:6

FEBR. 2

Un sacerdote para siempre

REFLEXIÓN. Un día como hoy, en la Catedral de la Inmaculada Concepción el obispo de Siracusa ordenó a doce jóvenes. Nos arrodillamos individualmente ante el obispo mientras él ponía sus manos, ungía nuestras manos y extendía un cáliz y una patena para que los tocáramos.

Al final de esta ceremonia, nuevamente, uno por uno, nos arrodillamos ante el obispo y le prometimos obediencia a él y a su sucesor.

ORACIÓN. *San José, nos unimos a ti en oración para que nuestros sacerdotes sean fieles a su llamado.*

JESÚS dijo . . ., "Amarás al Señor tu Dios con todo tu corazón y con toda tu alma y con toda tu mente." Este es el mejor y principal mandamiento. —Mt 22:37-38

FEBR. 3

Ama al Señor

REFLEXIÓN. Cristo citó un texto del Antiguo Testamento que contiene esta regla que es fundamental para el pueblo judío.

Está en Dt 6:4-8: "Escucha, Israel: El Señor es nuestro Dios, sólo el Señor".

ORACIÓN. *San José, ayúdame a entregar todo mi corazón a Dios.*

EL SEGUNDO es parecido: "Amarás a tu prójimo como a ti mismo". —Mt 22:39

FEBR. 4

Ama a tu prójimo

REFLEXIÓN. En este segundo mandamiento, Jesús recurrió a otro texto del Antiguo Testamento. En Levítico 19:18 Dios le dio a Moisés una serie de reglas y las resumió con este mandamiento: "amar a tu prójimo como a ti mismo".

Al citar este texto, Cristo habría ayudado a la audiencia a recordar la palabra Shemá, que es la principal profesión de fe judía.

ORACIÓN. *San José, ayúdame a esforzarme siempre en amar a mi prójimo como a mí mismo.*

NO TEMÁIS, porque os traigo una buena noticia de gran alegría para todo el pueblo. —Lc 2:10

FEBR. 5

Portadores de alegría

REFLEXIÓN. Fue un ángel quien trajo buenas noticias a los pastores aterrorizados esa primera Navidad. Hoy Dios nos usa para ser ángeles de alegría para los demás.

Santa Teresa de Calcuta decía de aquellos a quienes visitaba en los barrios marginales: "No tengo nada, pero voy a darles alegría". Una madre exclamó: "¡Oh, ¡Madre Teresa, vuelve! Tu sonrisa trajo el sol a esta casa".

ORACIÓN. *San José, hazme portador de alegría.*

MAESTRO, ¿qué bien debo hacer para alcanzar la vida eterna?... Si lo desea para entrar en la vida eterna, guarda los mandamientos. —Mt 19:16-17

FEBR. 6

Guarda los mandamientos

REFLEXIÓN. *El Catecismo de la Iglesia Católica*, divide los Diez Mandamientos en dos categorías. Los primeros tres corresponden al mandato de amar a Dios con todo nuestro corazón, mente, alma y cuerpo.

Los siete siguientes corresponden al mandato de amar a nuestro prójimo como a nosotros mismos.

ORACIÓN. *San José, que pueda imitar tu observancia de los mandamientos.*

YO SOY el Señor vuestro Dios. . . No tendréis otros dioses delante de mí. —Ex 20:2

FEBR. 7

Adora sólo a Dios

REFLEXIÓN. Algo común espiritual entre cristianos, judíos y musulmanes es la creencia de un solo Dios. Los católicos, por ejemplo, lo recitamos en el Credo: "Cree en un solo Dios".

Sin embargo, a menudo algo nos impide darle a Dios un corazón puro como la preocupación por el poder o el placer que es un deseo fuera de control.

ORACIÓN. *San José, ayúdame a adorar a Dios con un corazón puro.*

YO SOY el Señor vuestro Dios. . ., no tendrás otros dioses delante de Mí.
—Dt 5:6

FEBR.
8

Alabado sea el Señor

REFLEXIÓN. Tenga en cuenta que la redacción de este pasaje es idéntico a la cita del mandamiento bíblico de ayer, pero de un libro diferente. Aunque los Mandamientos, se expresan en términos negativos, ellos contienen siempre mandatos positivos.

Por ejemplo, el mandamiento de evitar adorar a dioses falsos, sino de alabar al verdadero Señor.

ORACIÓN. *San José, que pueda alabar al Señor muchas veces y siempre como lo hiciste tú.*

NO HARÉIS uso indebido del nombre del Señor vuestro Dios del Señor tu Dios.
—Ex 20:7

FEBR.
9

Abusar del nombre de Dios

REFLEXIÓN. La traducción más común de la Escritura dice: "No tomarás el nombre del Señor en vano". Este segundo mandamiento se refiere no sólo al uso inadecuado de "Dios", sino también de "Jesús"y "Cristo".

ORACIÓN. *Amable San José, ayúdame a ser modelo para otros en mi discurso.*

NO HARÁS uso indebido del nombre del Señor tu Dios, porque el Señor no absolverá a nadie que haga mal uso de su nombre. —Dt 5:11

FEBR. 10

El Santo Nombre de Jesús

REFLEXIÓN. Usar reverentemente el nombre de Jesús es lo más importante para los católicos. Una Misa especial honra a este nombre incluyendo una cita de Pedro diciéndoles a sus oyentes que no hay otro nombre bajo el cielo con el que podemos ser salvos.

Algunas personas susurran el nombre mientras esperan dormir, y muchos rezan el nombre de Jesús en espera del sueño eterno.

ORACIÓN. *Jesús, María y José, estén conmigo en mi última hora.*

"MUJER, ¿qué nos importa esto? Mi hora aún no ha llegado". Su madre dijo a los sirvientes: "Haced lo que Él os diga." —Jn 2:4-5

FEBR. 11

María en Lourdes

REFLEXIÓN. Durante la fiesta de Nuestra Señora de Lourdes, pero también en todo el año, aquellos que tienen dolencias físicas graves o cargas espirituales llegan a este santuario en Francia en busca de la ayuda de María.

En nuestro pasaje bíblico, entendemos el poder de la intercesión de María ante su Hijo.

ORACIÓN. *San José, esposo de María, ayúdanos.*

ACORDAOS del día de reposo y guardadlo santo.

—Ex 20:8

FEBR. 12

El santo sábado

REFLEXIÓN. La Iglesia primitiva pronto cambió la observancia del sábado al Domingo. ¿Por qué? Porque Jesús resucitó en Domingo Pascua.

Participar en la Misa todos los domingos es la primera responsabilidad que cumple los católicos.

ORACIÓN. *San José, tú que guardaste el día del Señor, ayúdame también a guardarlo.*

SEIS días trabajarás y harás todas tus trabajos. Pero el séptimo día es sábado para el Señor tu Dios; no harás nada de trabajar.

—Dt 5:13-14

FEBR. 13

Para ser bueno, sea un buen oyente

REFLEXIÓN. La mayoría de los estadounidenses entienden este tercer mandamiento para adorar semanalmente al Señor en una iglesia.

Nuestra cultura no ayuda mucho con las tiendas abiertas 24 horas al día, 7 días a la semana; nuestra fe nos llama a ser contraculturales comenzando con la observancia del día del Señor.

ORACIÓN. *San José, ayúdame a relajarme y a disfrutar el regalo del día del Señor.*

ES MÁS grato dar que recibir. —Hch 20:35

FEBR. 14

Un donante alegre

REFLEXIÓN. En el día de San Valentín damos regalos especiales. El amor y la alegría llevan a la donación.

Santa Teresa de Calcuta se entregó a Dios y a los pobres. Quienes la conocían expresaban que estaba “llena de diversión” y “disfrutaba la vida”.

ORACIÓN. *San José, ayúdame a ser un dador alegre.*

PIDE que las súplicas, oraciones, y peticiones se ofrezcan en acción de gracias por todos, para los reyes y por todos los que tienen autoridad... —1 Tim 2:1

FEBR. 15

Orando por los presidentes

REFLEXIÓN. La historiadora Doris Kearns Goodwin destacó a un político como un hombre brillante y astuto. Logró unir con coraje a un país joven que estaba dividido.

No es de extrañar que San Pablo instó a orar por aquellos en autoridad.

ORACIÓN. *San José, que seamos fieles en la oración para todos nuestros líderes gubernamentales.*

ENTONCES Jesús fue guiado por el Espíritu al desierto para ser tentado por el diablo. Él ayunó durante cuarenta días y cuarenta noches. —Mt 4:1-2

FEBR. 16

Jesús está dentro de ti

REFLEXIÓN. Para calcular los cuarenta días de Cuaresma, comenzamos con el Miércoles de Cenizas y contamos cada día hasta el Domingo de Resurrección, luego restar los domingos porque el domingo es para celebrar la Resurrección de Cristo, no para ayunar.

Jesús se sacrificó tanto por nosotros y lo intentamos durante la Cuaresma para acercarnos a Él con pequeños sacrificios.

ORACIÓN. *San José, ¿puedo hacer de esta Cuaresma un tiempo especial de gracia?*

EL REINO de Dios está cerca. Arrepiéntanse y crean en el Evangelio. —Mc 1:15

FEBR. 17

La importancia del Miércoles de Ceniza

REFLEXIÓN. Muchos católicos y otros cristianos al comienzo de la Cuaresma, están marcados con una cruz de ceniza en sus frentes. Escuchamos: "Recuerda que eres polvo y al polvo volverás" o "arrepiéntele y cree en el Evangelio".

Este desafío nos convoca a un cambio de opinión. Nuestro "Amén" después de recibir las cenizas es realmente un "sí" a estos desafíos.

ORACIÓN. *San José, ayúdame a decir "sí" en este día y todos los días.*

DESPUÉS de completar su ayuno y oración, les impusieron las manos y los despidió. —Hch 13:3

FEBR. 18

Una guía Cuaresmal

REFLEXIÓN. La oración del tercero domingo de Cuaresma dice: "Padre, tú nos has enseñado que superemos nuestros pecados mediante la oración, el ayuno y obras de caridad".

Misericordia significa compartir con nuestros hermanos, asistir a Misa diaria, privándonos de algo que nos gusta, son las posibilidades de Cuaresma.

ORACIÓN. *San José, ayúdame diariamente durante la Cuaresma a orar, ayunar y a servir a los demás.*

HONRA a tu padre y a tu madre. —Ex 20:12

FEBR. 19

Un verdadero misterio

REFLEXIÓN. Después del incidente del templo a la edad de 12 años, Jesús descendió con sus padres y "estaba obediente a ellos". También "creció constantemente en sabiduría, edad y gracia…"

Este Niño, verdaderamente humano, pero también divino, obedece a José y a María.

ORACIÓN. *San José, que imitemos la obediencia de Jesús y crezcamos en gracia como Él lo hizo.*

HONRA a tu padre y a tu madre… para que tus días perduren… —Dt 5:16

FEBR. 20

Cuidando a los padres

REFLEXIÓN. Una lectura del Eclesiástico habla poderosamente sobre los niños y sus padres. “Acumula riquezas el que venera a su madre. Quien honra a su padre se alegra con los hijos y, cuando ora, es escuchado”.

“Hijo mío, cuida de tu padre cuando esté viejo. La bondad hacia un padre no será olvidada.”

ORACIÓN. *San José, ayúdame a cuidar a mis padres especialmente si son ancianos y están enfermos.*

EN LA presencia de Dios y de Cristo Jesús… Les encargo: prediquen el mensaje. —2 Tim 4:1-2

FEBR. 21

La Iglesia Católica

REFLEXIÓN. La iglesia madre de una diócesis es llamada Catedral, que significa silla o asiento de sabiduría y liderazgo. Desde esa silla el obispo debe instruir, inspirar y guiar a su rebaño.

Durante estos tiempos difíciles en la Iglesia, cada obispo necesita y puede anticipar la ayuda del Espíritu Santo en esta tarea.

ORACIÓN. *San José, vela por nuestros obispos. Ayúdalos a ser santos.*

TÚ ERES Pedro, y sobre esta roca construiré mi Iglesia. —Mt 16:18

FEBR. 22

Una base firme

REFLEXIÓN. En la Basílica de San Pedro en Roma, aquellas palabras por las cuales Cristo nombró al apóstol Pedro como el primer Papa aparece en latín sobre el altar mayor.

El actual Santo Padre, ofrecer la Misa y su predicación es desde una silla especial, liderando la Iglesia Católica como lo hizo San Pedro.

ORACIÓN. *San José, Protector de la Iglesia, protege a nuestro Santo Padre, el Papa.*

SAN José, Protector de la Iglesia, protege a nuestro Santo Padre, el Papa. —Jn 15:13

FEBR. 23

Fiesta de San Policarpo

REFLEXIÓN. La Iglesia siempre ha sostenido con gran admiración a sus mártires, aquellos que han dado su vida defendiendo la fe. San Policarpo fue obispo en Esmirna, hoy Turquía.

En el año 156 d.C., a los 86 años sufrió el martirio. Conducido a un estadio lleno de gente, debía ser quemado vivo. Sin embargo, las llamas nunca le hicieron daño. En lugar de las llamas, ejecutaron a Policarpo con una daga.

ORACIÓN. *San José y San Policarpo, oren para que seamos fieles a Dios y a la Iglesia.*

NO COMETAS asesinato. —Ex 20:13

FEBR. 24

El mandato Pro-vida

REFLEXIÓN. El quinto mandamiento aconseja de proteger al feto, de superar la violencia y el abuso doméstico, asegurar una muerte natural para los enfermos terminales.

Este mandamiento también exige un cuidado de nosotros mismos.

ORACIÓN. *San José, te damos gracias por proteger a la Sagrada Familia.*

NO ASESINARÁS. —Dt 5:17

FEBR. 25

Vivir la vida al máximo

REFLEXIÓN. En el mundo actual es normal vivir más tiempo y a menudo debemos lidiar con el deterioro de la salud, sea la nuestra o la de otros.

La Iglesia ha enseñado: Vosotros deben usar lo *ordinario*, pero no están obligados a emplear medios *extraordinarios* para preservar la propia vida.

ORACIÓN. *Querido San José, ayúdanos a tomar decisiones médicas informadas y compasivas.*

NO COMETERÁS adulterio. Ex 20:14 **FEBR. 26**

El dolor de la infidelidad

REFLEXIÓN. El sexto mandamiento prohíbe todos los pecados sexuales. Estos son serios, pero el peor de ellos es adulterio, porque conlleva a la injusticia. El daño al cónyuge violado es enorme.

En la película de John Grisham *The Firm*, un marido infiel "confiesa" su adulterio a su cónyuge. La película muestra su profundo dolor y rechazo. El perdón puede curar esa herida, pero una cicatriz permanece para siempre.

ORACIÓN. *San José casto y justo, ruega por nosotros.*

TAMPOCO cometerás adulterio. —Dt 5:18 **FEBR. 27**

Vírgenes y Mártires

REFLEXIÓN. Este mandamiento insta a la castidad y a la pureza. La Iglesia tiene en alta estima la virginidad siendo este un estilo de vida que implica fe en Dios.

El amor de Dios nos invita a saborear en la tierra los regalos del mundo venidero.

ORACIÓN. *San José, guardián de las vírgenes, ora para que evitemos las tentaciones a nuestra pureza.*

JESÚS les contó una parábola sobre la necesidad para que oren siempre y nunca pierdan su corazón. —Lc 18:1

FEBR. 28

Un tiempo para orar y un tiempo para trabajar

REFLEXIÓN. Jesús trabajó arduamente en la enseñanza y en la curación, pero regularmente se iba a orar a solas.

Todo aquel que haya caminado en los pasos de Cristo tratando de hacer el bien a los demás también siguió su ejemplo. Ellos, como Jesús, han encontrado algo de tiempo para orar cada día.

ORACIÓN. *San José, ayúdame a orar y a traba-*

DAD gracias al Señor porque él es bueno; su bondad perdura para siempre. —Sal 118:1

FEBR. 29

El amor constante de Dios

REFLEXIÓN. El cambio es la única constante en nuestro existencia terrenal. Experimentamos la noche y el día, el cambio de estaciones, crecimiento y declive imparables en nuestros propios cuerpos. En los años bisiestos añadimos otro día en febrero.

Dios, sin embargo, es inmutable. El amor divino para nosotros es inmutable, constante, siempre presente. El Señor, está cerca de los quebrantados de corazón y cercanos a los que están desamparados.

ORACIÓN. *San José, has que recordemos siempre el amor fiel y constante de Dios.*

AMÉN, amén, de verdad os digo, nadie puede entrar en el Reino de Dios, al menos que nazca del agua y del Espíritu. **—Jn 3:5**

MZO. 1

Importancia del bautismo

REFLEXIÓN. Durante las primeras semanas de Cuaresma, la liturgia centra nuestra atención en el bautismo.

Los catecúmenos se están preparando para ingresar a la Iglesia a través del bautismo el Sábado Santo, y los católicos renovarán sus promesas bautismales en las Misas del Domingo de Pascua.

ORACIÓN. *San José, ayúdanos a recordar la importancia de nuestro bautismo.*

SI HEMOS muerto con Cristo, creemos en que también viviremos con Él. **—Rm 6:8**

MZO. 2

Pasión de Cristo

REFLEXIÓN. Al avanzar la Cuaresma, la liturgia dirige nuestra atención a los sufrimientos, pasión y muerte de Jesús. Las personas que soportan cargas pesadas, dolencias graves o que están al borde de la muerte, con frecuencia miran o sostienen un crucifijo.

Sacan fuerza de esta imagen de su Salvador sufriente.

ORACIÓN. *San José, ayúdanos a mantener la mirada fija en la Cruz.*

EL TENDRÁ piedad de los humildes y del pobre; las vidas de los necesitados Él salvará. —Sal 72:13

MZO. 3

Sirviendo a los pobres

REFLEXIÓN. Santa Katharine Drexel, creció en una familia adinerada de Filadelfia. Sin embargo, su madre abrió su casa a los pobres tres días a la semana y su padre pasaba media hora cada tarde en oración.

Más tarde, Katharine fundó una comunidad religiosa para trabajar con los pobres y fundó la Universidad Xavier en New Orleans, la primera para estudiantes negros.

ORACIÓN. *San José y Santa Catalina, ayúdanos a amar a los pobres como tú lo hiciste.*

YO EL Señor, soy vuestro Dios… no deberás robar." —Ex 20:2, 15

MZO. 4

Respetar la propiedad de los demás

REFLEXIÓN. El séptimo mandamiento requiere que respetemos la propiedad de los demás. El robo flagrante es una violación obvia, mientras que la evasión fiscal, los salarios injustos y el trabajo de mala calidad son más sutiles.

El juego excesivo se vuelve adictivo o excesivo, privando a otros de necesidades justas, es una forma de robar.

ORACIÓN. *San José, ayúdanos a ser honestos.*

QUE la tierra produzca toda clase de seres vivientes. —Gn 2:24

MZO. 5

Cuidado de animales

REFLEXIÓN. Los animales son uno de los regalos que Dios nos ha dado. El *Catecismo* afirma que a los animales le debemos bondad y gentileza siguiendo el ejemplo de San Francisco de Asís.

Al mismo tiempo enseña que podemos utilizarlos como alimento, así como para la investigación científica (no. 2416-2417).

ORACIÓN. *San José, ayúdanos a cuidar de toda la creación.*

NO DARÁS falso testimonio contra tu prójimo. —Ex 20:16

MZO. 6

Diciendo la verdad

REFLEXIÓN. El octavo mandamiento prohíbe la mentira y promueve la verdad. Las dos violaciones más comunes son la calumnia y el menosprecio.

En la calumnia decimos cosas injustas sobre otro. En el menosprecios, decimos cosas erróneas.

ORACIÓN. *San José, ora por nosotros para que podamos ser siempre veraz y amable al hablar de los demás.*

RECORDARÉ las obras de Dios; lo que he visto, lo describiré. —Si 42:15

MZO. 7

La Importancia de los Padres

REFLEXIÓN. La Iglesia tiene en alta estima a quienes predican o enseñan la Buena Nueva, especialmente a los padres.

El celebrante, al concluir el bautismo de un niño, bendice al padre: "Junto con su esposa, serán los primeros maestros de este niño en los caminos de la fe. Que ellos sean los mejores maestros".

ORACIÓN. *San José, ayuda a los padres a enseñar la Buena Nueva con palabras y acciones.*

"DEJEN que los niños vengan a mí"... y los tomó en sus brazos, les impuso las manos y los bendijo. —Mc 10:14, 16

MZO. 8

Cómo aprenden los niños

REFLEXIÓN. Mucho antes de que los niños asistan a programas formales de educación religiosa, ya han absorbido lecciones de fe de sus padres. Una familia numerosa, se reunió el Día de las Madres en un restaurante para cenar.

En el momento de bendecir la cena, una niña de tres años automáticamente cruzó las manos en oración. Claramente lo había aprendido de sus padres.

ORACIÓN. *San José, pilar de la vida familiar, ruega por nosotros.*

NO REVELES el secreto de otra persona, por miedo a que quien te escuche te lo reproche. —Pr 25:9

MZO. 9

El Sello de la Confesión

REFLEXIÓN. En la película de Hitchock *I confess*, un asesino descarga su pecado en el confesionario y el sacerdote nunca revela ese secreto a pesar de la presión que se le ejerce.

El *Catecismo* describe esta obligación: "El secreto del sacramento de la reconciliación es sagrado y no puede ser violado bajo ningún pretexto". El sello es inviolable. El confesor no puede de ningún modo traicionar al penitente.

ORACIÓN. *San José, guía a nuestros confesores.*

NO CODICIARAS la mujer de tu prójimo. —Ex 20:17

MZO. 10

Desear algo erróneamente

REFLEXIÓN. Una definición de "codiciar" en el diccionario es "desear desmedidamente las posesiones de otro".

Para guardar los diez mandamientos, recuerde que el sexto y el noveno van juntos, al igual que el séptimo y el décimo: uno trata de acciones ilícitas y el otro de deseos indebidos.

ORACIÓN. *San José, cabeza de la Sagrada Familia, ruega por nosotros.*

TAMPOCO codiciarás la mujer de tu prójimo. —Dt 5:21

MZO. 11

Luchando contra nuestra cultura

REFLEXIÓN. Últimamente el número de parejas que cohabitan antes del matrimonio ha aumentado. Las películas contemporáneas presentan esto como un procedimiento estándar.

El cual un hombre y una mujer tienen su primera cita, encuentran que se sienten atraídos el uno por el otro e inmediatamente pasan esa primera noche juntos.

ORACIÓN. *San José, sostennos en la lucha ser casto.*

NO CODICIARÁS... Cualquier cosa que pertenece a tu prójimo. —Ex 20:17

MZO. 12

Un hermoso cielo

REFLEXIÓN. Podemos ver el mundo de dos maneras, como un hermoso cielo nocturno con innumerables estrellas, cada persona con dones preciosos, o lo vemos como un pastel enorme con un número limitado de piezas.

El primero nos impulsa ver los dones o logros de otros. El segundo puede conducir a la tristeza porque significa que poseemos menos.

ORACIÓN. *San José, ayúdanos a ser libres de envidia y engaño.*

DE LA misma manera, tu luz debe brillar de manera que pueda ser visto por otros; esto permitirá que observen tus buenas obras y te den alabanzas a vuestro Padre que está en los cielos. —Mt 5:16

MZO. 13

Un regalo de sacrificio

REFLEXIÓN. Una madre y sus niños asistían a Misa los domingos. Económicamente tenía muy poco, pero siempre ponía una moneda en la colecta.

Una mujer mayor no tenía dinero para la ofrenda, pero dejó en el canasto un ticket de autobús para alguien que necesite transporte. Allí no hay avaricia.

ORACIÓN. *San José, te pedimos que nos ayudes a poseer corazones generosos.*

LOS mandamientos del Señor son claros, dan luz a los ojos. —Sal 19:9

MZO. 14

Misericordia de Dios

REFLEXIÓN. Un teólogo sostiene que guardar los mandamientos es imposible.

Esto nos recuerda que es el mismo fracaso para ser perfecto: las experiencias de nuestras debilidades pueden impulsarnos a confiar totalmente sobre la misericordia y el perdón de Dios.

ORACIÓN. *San José, confiamos en la misericordia de tu hijo adoptivo.*

EN CRISTO, también escuchaste el mensaje de la verdad y el Evangelio de vuestra salvación, y llegaste a creer en Él. —Ef 1:13

MZO. 15

Año de gracias

REFLEXIÓN. El Año de Gracia de la Iglesia representa anualmente la vida y enseñanzas de Jesús. Los tiempos de Adviento, Cuaresma y Pascua proporcionan lecturas bíblicas especiales para los domingos y entre semana.

El Tiempo Ordinario después de Pentecostés ofrece ejemplos de las enseñanzas de Cristo. Podemos compartir profundamente en esas riquezas, cuando participamos en esas liturgias.

ORACIÓN. *San José, invítanos a participar activamente en este año de Gracia.*

HAY diferentes dones, pero el mismo Espíritu. —1 Co 12:4

MZO. 16

El ciclo de los Santos

REFLEXIÓN. Este Año de Gracia también presenta muchos santos para nuestra inspiración. Así, mañana honraremos a San Patricio, y el 19 de marzo a San José.

Nuestra Señora de Guadalupe y San Juan Diego, para ilustrar, reciben gran énfasis en América.

ORACIÓN. *San José y todos los santos, oren para que estemos abiertos al Espíritu.*

IID, PUES, haced discípulos a todas las naciones. —Mt 28:19

MZO. 17

Apóstoles de Irlanda

REFLEXIÓN. Patricio proclamó la fe en toda Irlanda enseñando la Trinidad a través de los tréboles.

Durante siglos Irlanda fue conocida por su fuerte fe católica. El Pectoral de San Patricio decía: "Cristo conmigo, Cristo delante de mí, Cristo detrás de mí, Cristo en mí...."

ORACIÓN. *San José y San Patricio, rueguen por mí.*

TU MADRE y tus hermanos están afuera. Quieren hablar contigo. —Mt 12:47

MZO. 18

Familiares de Jesús

REFLEXIÓN. La tradición de la Iglesia enseña que María fue virgen antes, durante y después del nacimiento de Cristo.

Las palabras "hermano" o "hermana" en el idioma original significan algún tipo de pariente. Estos términos podrían incluir hermanos de sangre, pero también puede entenderse como primos.

ORACIÓN. *San José, Guardián de la Virgen, ruega por nosotros y por nuestros familiares.*

JOSÉ, hijo de David, no temas recibir a María en tu casa como tu esposa. —Mt 1:20

MZO. 19

Esposo de María

REFLEXIÓN. La Iglesia sitúa la celebración de cada santo en diferentes categorías: solemnidades, fiestas y memoriales. Las memorias a su vez pueden ser obligatorias o facultativas.

Por ejemplo, San Patricio se celebra especialmente en los Estados Unidos y es sólo opcional para la Iglesia universal.

ORACIÓN. *San José, esposo de la Madre de Dios, ruega por nosotros.*

EL SEMBRADOR salió a sembrar. mientras sembraba, algunas semillas cayeron en el camino. —Mt 13:3-4

MZO. 20

La llegada de la primavera

REFLEXIÓN. Para quienes viven en el hemisferio norte, la llegada de la primavera y la celebración de la Semana Santa coinciden.

Ambos señalan un pasar de la oscuridad y la muerte a la luz y a la vida.

ORACIÓN. *San José, ayúdanos a apreciar y a celebrar los regalos de la primavera.*

EL HIJO del Hombre no vino a ser servido sino a servir y dar su vida como rescate para muchos. —Mc 10:45

MZO. 21

Vida y Luz

REFLEXIÓN. Durante la Semana Santa acompañamos a Jesús en su sufrimiento y muerte. Pero el final de ese viaje no es el Viernes Santo, sino Domingo de Pascua; no es la Cruz, sino una corona.

Al derramar su sangre en el Calvario, Jesucristo destruyó las tinieblas y trajo la luz a nosotros, para que creamos.

ORACIÓN. *San José, ora para que podamos atesorar la Vida y la Luz de tu Hijo.*

NOS regocijamos en la esperanza de la gloria de Dios. —Rm 5:2

MZO. 22

Afrontar las cargas

REFLEXIÓN. La segunda encíclica del Papa Benedicto sostiene que muchas personas hoy viven sin esperanza; él atribuye esto a la ausencia de Dios en sus vidas.

Si estamos agobiados de alguna manera, los Salmos dicen que Dios está cerca de los quebrantados de corazón y salva a aquellos cuyo espíritu está abatido.

ORACIÓN. *San José, gracias por proteger el Niño Emmanuel.*

LÁVAME completamente de mi culpa y límpiame de mi pecado. —Sal 51:4

MZO. 23

Libre de culpa

REFLEXIÓN. Muchas personas hoy en día no pueden dejar de lado los errores o pecados del pasado. El pensar en un Dios que no perdona puede conducir a la desesperanza.

Los cristianos, por otro lado, creyentes en Jesús, poseen una gran esperanza. Dios sin duda nos perdona.

ORACIÓN. *San José, ayúdanos a aceptar la promesa del perdón de Jesús.*

UNA herencia que es imperecedera, incontaminada e inmarcesible... reservada en el cielo para ti. —1 Pe 1:4

MZO. 24

La vida después de la muerte

REFLEXIÓN. Todos buscamos la felicidad perfecta, como unas buenas vacaciones, etc., pero son temporales.

También experimentamos eventos oscuros que estropean nuestra felicidad, como una enfermedad grave donde enfrentamos nuestra mortalidad. El Emmanuel nos da esperanza de vida eterna y una felicidad total.

ORACIÓN. *San José, patrón de los moribundos, ruega por nosotros.*

ENTONCES María dijo: "Hágase en mí conforme a tu palabra". —Lc 1:38

MZO. 25

La anunciación del ángel

REFLEXIÓN. Esta fiesta, la Anunciación del Señor, ocurre unos nueve meses antes de celebrar el nacimiento de Jesús.

La respuesta de María al confuso anuncio angelical de que ella sería la madre del Mesías es el ejemplo clásico de obedecer la voluntad de Dios: "He aquí la sierva del Señor".

ORACIÓN. *San José, que obedezcamos al Señor como lo hizo María.*

ARREPENTIOS y bautícense cada uno de vosotros en el nombre de Jesucristo. —Hch 2:38

MZO. 26

Bautismo de los Catecúmenos

REFLEXIÓN. Perturbado por el mensaje de Pedro, la gente preguntaba qué debían hacer, y él respondió con esas palabras sobre el bautismo. Este pasaje bíblico se aplica a muchos catecúmenos que se preparan para el bautismo para el Santo Sábado.

Durante meses han estado aprendiendo sobre la Iglesia Católica. En la Vigilia Pascual se les da la bienvenida en el nombre de Jesús.

ORACIÓN. *San José, ruega por quienes abrazan la fe católica en la Pascua.*

YSALIERON a su encuentro, llevando ramos de palmas. —Jn 12:13

MZO. 27

Desfile de palmas

REFLEXIÓN. Cuando Cristo entró en Jerusalén la multitud batió palmas y lo reconocieron como Rey.

El Domingo de Ramos, todos los presentes en la Misa sostienen las palmas en señal de aceptar a Cristo como su Rey. Esa aceptación continúa cuando guardamos las palmas en la casa.

ORACIÓN. *San José, ayúdanos a hacer a Cristo nuestro Rey.*

LOS sumos sacerdotes y los guardias del templo gritaron: "¡Crucifíquenlo! ¡Crucifíquenlo!" —Jn 19:6

MZO. 28

Rey y Salvador

REFLEXIÓN. El rojo a veces simboliza la realeza, sangre o mártir. El Domingo de Ramos vestido de rojo y junto al pueblo que sostienen las palmas proclaman a Jesús como Rey.

El estado de ánimo cambia. Durante la proclamación de la Pasión, el pueblo dos veces grita: "¡Crucifíquenlo!" Cristo ahora se convierte en el Salvador sufriente.

ORACIÓN. *San José, ruega para que nos aferremos a Cristo.*

SEIS días antes de la Pascua, vino Jesús a Betania, la ciudad natal de Lázaro, a quien había resucitado de entre los muertos.
—Jn 12:1

MZO. 29

Caminando con Jesús

REFLEXIÓN. La mejor manera de acompañar a Jesús en la Semana Santa es participando en la liturgia. Hay gracias especiales conectadas con cada celebración.

Se nos recuerda que sólo quedan unos días antes de su muerte y también lo que Él logrará.

ORACIÓN. *San José, ayúdame a caminar con Jesús durante la Semana Santa.*

JESÚS estaba profundamente angustiado, y Él declaró: "En verdad, en verdad os digo que uno de vosotros me traicionará".—Jn 13:21

MZO. 30

El dolor del rechazo

REFLEXIÓN. Ser herido o rechazado por alguien cercano a uno causa un dolor insoportable que puede durar toda una vida. Imagina el sufrimiento interior de Cristo al experimentar la traición de Judas y la negación de Pedro.

Todavía en su debilidad dos lo traicionaron o lo abandonaron y el resto huyó.

ORACIÓN. *San José, ayúdame a ser fiel.*

EL SEÑOR Dios es mi ayuda; por lo tanto...He puesto mi rostro como pedernal. —Is 50:7

MZO. 31

Rostro como pedernal

REFLEXIÓN. En los tres días previos al Triduo Pascual, la Iglesia cita las profecías de Isaías sobre el Siervo Sufriente.

Cristo no vendrá gritando; será muy cuidadoso de no romper una caña magullada o apagar una mecha humeante. Jesús procederá a Jerusalén y el sufrimiento lo espera allí.

ORACIÓN. *San José, ayúdame a mantener mis ojos fijos en Jesús.*

TODOS estaban llenos del Espíritu Santo y proclamaron la palabra de Dios sin temor. —Hch 4:31

ABR. 1

Renovados en Espíritu

REFLEXIÓN. Entre la Pascua y Pentecostés, las lecturas nos alertan sobre la presencia del Espíritu de Dios en medio de nosotros.

Estos cincuenta días nos dan tiempo para integrar la Resurrección de Cristo en nuestra experiencia humana.

ORACIÓN. *San José, ayúdanos a estar en sintonía con el Espíritu de Dios dentro de nosotros y a nuestro alrededor.*

TODA la comunidad de creyentes estaba unida en corazón y alma, nadie reclamaba sus posesiones como propias, sino que todo era común.

—Hch 4:32

ABR. 2

Suficiente para todos

REFLEXIÓN. Los primeros creyentes entendieron que para ser fieles a las enseñanzas de Jesús debían asegurarse de que todos tuvieran un lugar digno donde vivir y suficiente comida para su sustento.

Como fieles discípulos de Cristo, tenemos la misma responsabilidad.

ORACIÓN. *San José, tú protegiste a María y a Jesús. Ayúdame a tener un corazón generoso con los pobres.*

TODO el que hace el mal odia la luz y evita acercarse a ella para que sus malas acciones no queden expuestas. —Jn 3:20

ABR. 3

Decir la verdad

REFLEXIÓN. La verdad puede ser un bien escaso hoy en día.

La verdad es difícil de decirla y aún más difícil de aceptarla. La verdad puede doler, pero al final del día, es la verdad la que nos hace libres.

ORACIÓN. *San José, ayuda a nuestros líderes a vivir la verdad para que puedan proclamar el Evangelio sin miedo ni equívocos.*

JESÚS les dijo: "No temáis. Id y decid a mis hermanos que vayan a Galilea. Allí me verán". —Mt 28:10

ABR. 4

Te veré pronto

REFLEXIÓN. San Agustín expresó que somos Pueblo Pascual.

Los que nos han precedido continúan viviendo con nosotros mientras nos esforzamos por mantener su espíritu vivo incorporando sus virtudes a nuestras vidas, ellos son regalos otorgados por Dios.

ORACIÓN. *San José, ayúdame a ser agradecido por el legado espiritual de todos los que se han ido delante de mí en fe.*

QUE toda la casa de Israel sepa con completa certeza que Dios ha hecho a este Jesús a quien vosotros crucificasteis Señor y Cristo. —Hch 2:36

ABR. 5

Viviendo el Misterio

REFLEXIÓN. La absorción del misterio de Cristo resucitado de entre los muertos nunca es completa, ni siquiera para aquellos que nacieron en la fe católica.

Tenemos mucho más que entender sobrenuestra fe mientras buscamos vivir el Evangelio.

ORACIÓN. *San José, patrono de la Iglesia, ayúdanos a celebrar lo que creemos y a vivir lo que celebramos.*

PEDRO dijo: "No tengo plata ni oro, pero lo que tengo te doy. En el nombre de Jesucristo de Nazaret, levántate y camina".

—Hch 3:6

ABR. 6

Dar desde el corazón

REFLEXIÓN. Mientras mi madre agonizaba, ella dijo: "No oréis por una cura. Rezad más bien para que yo tenga la gracia de aceptar cada momento como un regalo y la vida eterna como el regalo más grande".

ORACIÓN. *San José y María, Madre de Dios, rueguen por nosotros pecadores ahora y en la hora de nuestra muerte.*

ENTONCES Dios les dio el mismo regalo que nos dio a nosotros cuando llegamos a creer en el Señor Jesucristo, ¿quién era yo para oponerme a Dios? —Hch 11:17

ABR. 7

El Espíritu sopla donde Dios quiere

REFLEXIÓN. La creencia en Jesucristo nunca puede conducir a ataques de cualquier tipo excepto a un "compromiso" a través de un diálogo respetuoso.

Eso proporciona la mayor esperanza para una nueva verdad: la verdad de Dios.

ORACIÓN. *San José, guardián de la Palabra viva, ayúdame a hablar como creo y a vivir como hablo.*

QUIEN viene a Mí, nunca tendrá hambre y el que cree en Mí nunca tendrás sed. —Jn 6:35

ABR. 8

Nos convertimos en el pan que comemos

REFLEXIÓN. La celebración de la Eucaristía es un acto de "compromiso" con la totalidad de la vida de Jesús y, por lo tanto, debe impregnar todos los aspectos de nuestras vidas como verdaderos creyentes.

Esto es lo que significa convertirse en el pan que comemos.

ORACIÓN. *San José, ayúdanos a comprender que nos convertimos en el pan que consumimos en la Mesa de la Eucaristía.*

EL QUE cree en Mí, también hará las obras que yo hago, y aun mayores que éstas hará, porque Yo voy al Padre. —Jn 14:12

ABR. 9

Somos hijas e hijos de Dios

REFLEXIÓN. Pentecostés es la certeza de que Jesús no nos dejó huérfanos.

Los dones del Espíritu nos han sido dados para capacitarnos para vivir el Evangelio de una maneras nueva y emocionante mientras enfrentamos nuevas circunstancias en tiempos cambiantes.

ORACIÓN. *San José, padre adoptivo de Jesús, ayúdanos a ser hijas e hijos fieles de Dios.*

AMEN, de hecho, os digo que el siervo no es mayor que su señor, ni el mensajero es mayor que el que lo envió.
—Jn 13:16

ABR. 10

¡Sin grandilocuencia, por favor!

REFLEXIÓN. Jesús lavó los pies de sus discípulos. ¿Qué mayor ejemplo podemos tener para reconocer nuestra condición de servidores de la Palabra Viva?

San Agustín expresó: "Si te pierdes amándote a ti mismo, te encontrarás negándote a ti mismo".

ORACIÓN. *San José, ayúdanos a aceptarnos tal como somos para que Jesús sea reconocido por como es.*

HE VENIDO a llamar no a justos sino a pecadores. —Mt 9:13

ABR. 11

¡Estamos en buena compañía!

REFLEXIÓN. La Iglesia está lejos de ser perfecta en sus aspectos institucionales. De hecho, en muchos aspectos somos un pueblo pecador que necesita una total redención.

Jesús no vino por los que se creían justos sino por los pecadores.

ORACIÓN. *San José, que aprendamos de ti a ser humildes de corazón.*

ALGUNOS de los habitantes de Jerusalén dijeron: "¿No es éste el hombre al que quieren matar?" —Jn 7:25

ABR. 12

¿Demasiado bueno para ser verdad?

REFLEXIÓN. Las buenas personas dan ejemplo de conciencia y, sin duda, nos corrigen sobre nuestras limitaciones e insuficiencias. Jesús se hizo como nosotros para que nosotros pudiéramos llegar a ser como Él.

Jesús sigue siendo un ejemplo único para cada uno de nosotros y un paradigma único para la Iglesia.

ORACIÓN. *San José, ayúdanos a esforzarnos a ser fieles en todo momento.*

Y NO os olvidéis de ofrecer hospitalidad a los extraños, porque al hacerlo algunos, sin saberlo, han encontrado ángeles. —Hb 13:1

ABR. 13

¿No hables con extraños?

REFLEXIÓN. Con el odio, el arte de la civilidad en el diálogo con personas de diferentes puntos de vista está desapareciendo rápidamente.

Las personas de buena fe y buena voluntad pueden descubrir una nueva verdad en el contexto de un diálogo honesto que las liberará para vivir de manera más fiel, fructífera y con mayor integridad.

ORACIÓN. *San José, ayúdanos a ser prudentes en palabra y en la acción.*

VENGAN ustedes solos conmigo a un lugar desierto y descansen un rato.
—Mc 6:31

ABR. 14

Todo el mundo necesita "tiempo libre" a diario

REFLEXIÓN. Necesitamos incorporar un "tiempo libre" de nuestra rutina diaria para dedicar tiempo a Dios.

Una buena caminata vigorosa también puede ser una gran oportunidad para conversar con Dios. Dios habla y yo escucho.

ORACIÓN. *San José, cuando Dios habla, ayúdame a ser un buen oyente.*

POR lo tanto, como está escrito: "Si alguno quiere gloriarse, que se gloríe en el Señor."
—1 Cor 1:31

ABR. 15

¡Sé tú mismo!

REFLEXIÓN. Es imposible para nosotros ser nosotros mismos verdaderos y auténticos sin reconocer que Dios es la base de nuestro ser. Jesús es el mejor ejemplo de cómo es vivir en Dios.

ORACIÓN. *San José, ayúdanos a ser nosotros mismos para que podamos dar gloria a Dios en todo lo que decimos y hacemos.*

ÉL LES ordenó que no llevaran nada para el viaje excepto un bastón: ni pan, ni costales, ni dinero en sus bolsas. —Mc 6:8

ABR. 16

¡Viaje ligero!

REFLEXIÓN. Es más barato viajar con equipaje de mano que facturar equipaje. De todos modos, rara vez usamos todo lo que empacamos.

A los discípulos de Cristo les va mejor con menos posesiones de qué preocuparse. Viajen "ligeramente".

ORACIÓN. *San José, ayúdanos a viajar y vivir más simple.*

PROCURAD que nadie quede privado de la gracia de Dios y que ninguna raíz de amargura brote y ocasione problemas. —Hb 12:15

ABR. 17

El camino hacia la paz es vivir en gracia

REFLEXIÓN. Cada uno de nosotros tiene un papel único que desempeñar en la construcción de una comunidad establecida sobre los principios de justicia y paz. Y la forma en que decimos o hacemos algo es tan importante como lo que decimos o hacemos.

Ningún esfuerzo es demasiado grande ni demasiado pequeño.

ORACIÓN. *San José, mantennos conscientes del poder de la gracia divina y haznos instrumentos de paz.*

ABR. 18

YO OS envío como ovejas en medio de lobos. Sed, pues, astutos como las serpientes y, sin embargo, inocentes como las palomas. —Mt 10:16

¡Cuidado con las Barracudas!

REFLEXIÓN. Quienes vivan la auténtica enseñanza de Jesús se enfrentarán a barracudas en el camino.

Vivir en Cristo es vivir el lenguaje del amor, la verdad, la honestidad, la compasión, la esperanza, la paz, el gozo y la integridad.

ORACIÓN. *San José, sé nuestra fortaleza cuando las cosas se pongan difíciles, para que nunca desfallezcamos.*

ABR. 19

DESPUES de que [José] fue advertido en un sueño, se retiró a la región de Galilea. —Mt 2:22

Aférrate a tus visiones y sueños

REFLEXIÓN. Este es un consejo útil para nuestro camino de fe, pero debemos tener cuidado de no dejar que nuestros sueños y visiones se salgan de nuestras manos, solo necesitamos autenticar nuestras visiones y sueños a través de la oración.

ORACIÓN. *San José, el ángel te habló en sueños y tú escuchaste. Ayúdanos a mantener vivos nuestros sueños para la gloria de Dios.*

"LA PAZ esté con vosotros", les dijo Jesús nuevamente. "Como el Padre me envió, así también yo os envío". —Jn 20:21

ABR. 20

Podemos marcar la diferencia

REFLEXIÓN. Pensar con Dios es actuar en Cristo.

Si Cristo pudo marcar la diferencia hace 2000 años, sus seguidores pueden marcar la diferencia hoy.

ORACIÓN. *San José, ayúdame a hablar hoy el lenguaje del amor que trae paz.*

MANTEŃ este tesoro en vasija de barro para que quede claro que el inmenso poder pertenece a Dios y no deriva de nosotros. —2 Cor 4:7

ABR. 21

Somos frágiles

REFLEXIÓN. Somos vasijas de barro y al reconocer nuestra impotencia en Cristo, llegamos a conocer nuestra fuerza a través del poder de Dios.

San Agustín dijo, "nadie hace ningún bien a menos que sea ayudado por la gracia de Cristo".

ORACIÓN. *San José, sé mi esperanza y mi fortaleza cuando me venza la ansiedad.*

L**A SEMILLA** sembrada en tierra fértil es el que oye la palabra y la entiende; ciertamente da fruto y produce ciento, sesenta o treinta veces lo sembrado. —Mt 13:23

ABR. 22

El amor de Dios está arraigado en el corazón

REFLEXIÓN. Es necesario dedicar buena parte de nuestro día a "cultivar" la tierra dentro de nuestro corazón. Esta puede ser la razón por la que algunas personas disfrutan de la naturaleza, así como de los rituales sagrados en la basílica.

ORACIÓN. *San José, ayúdanos a ser receptivos en mente y corazón a la semilla de la palabra de Dios.*

E**NTONCES** algunos de los escribas y fariseos le dijeron: "Maestro, queremos que nos des una señal." —Mt 12:38

ABR. 23

Las señales están a nuestro alrededor

REFLEXIÓN. Cuando era niño, solía pedirle a Dios una señal de que pasaría la prueba. Como adultos, a veces participamos en juegos infantiles similares, y nos perdemos en las señales genuinas de las intervenciones de Dios en nuestras vidas.

ORACIÓN. *San José, ayúdame a reconocer la presencia de Dios en todas las actividades de este día.*

ENTONCES os digo que muchos profetas y justos deseaban ver lo que vosotros veis, pero no lo vieron. —Mt 13:17

ABR. 24

Lo obvio no siempre es tan obvio

REFLEXIÓN. Nuestros prejuicios a menudo nos enceguecen ante la realidad de la presencia de Dios y a la aplicación del Evangelio a nuestra agenda diaria.

De hecho, somos más propensos a seguir nuestra propia agenda que la de Dios.

ORACIÓN. *San José, sé luz para nuestro camino y lámpara para nuestros pies.*

IR AL mundo entero y proclamar el Evangelio a toda la creación. —Mc 16:15

ABR. 25

Somos evangelistas

REFLEXIÓN. Esto es un desafío. Como evangelistas debemos primero dejarnos evangelizar por el Evangelio.

El Papa Pablo VI afirmó que es inútil contar a otros la Buena Nueva si primero no hemos sido sumergidos en ella en mente y en corazón.

ORACIÓN. *San José, ayúdanos a ser fieles en mente y corazón a la Buena Nueva.*

Y EL pueblo de Israel comenzó a quejarse contra Moisés y Aarón. —Ex 16:2

ABR. 26

La queja puede ser una oración

REFLEXIÓN. En verano nos quejamos del calor. En invierno nos quejamos del frío. En primavera nos quejamos de la lluvia. En otoño nos quejamos de la acumulación de hojas.

Dios escucha nuestras quejas como una oración y responde permitiéndonos estar agradecidos por cada temporada.

ORACIÓN. *San José, en todas las etapas de la vida, haznos agradecidos.*

ALABEMOS a los personajes ilustres, a nuestros antepasados en sus sucesivas generaciones. —Si 44:1

ABR. 27

Estamos arraigados en nuestros antepasados

REFLEXIÓN. Todos tenemos una ascendencia mixta entre santos y pecadores.

Necesitamos conservar viva la memoria de nuestros antecesores, incorporando sus buenas cualidades a nuestra vida diaria.

ORACIÓN. *San José, ayúdanos a mantener viva la herencia de nuestros seres queridos que nos precedieron.*

MIENTRAS tanto, la palabra de Dios seguía difundiéndose y ganando más seguidores. —Hch 12:24

ABR. 28

Como era en el principio

REFLEXIÓN. La Iglesia está en manos del Espíritu Santo. El Espíritu Santo ha hablado de diversas maneras en el pasado, y sigue hablando en el presente y en el futuro.

Somos una Iglesia tradicional, pero no somos necesariamente tradicionalistas.

ORACIÓN. *San José, danos un espíritu de discernimiento para que podamos reconocer el Espíritu de Dios en medio de un mundo cambiante.*

YO VINE al mundo como luz, para que todo aquel que cree en mí no tenga que permanecer en la oscuridad. —Jn 12:46

ABR. 29

Puso las viejas verdades bajo una nueva luz

REFLEXIÓN. El impacto del Concilio Vaticano II continúa desarrollándose, como la restauración de las cualidades de la comunidad apostólica, un espíritu de colaboración entre los Apóstoles y entre los fieles.

La colaboración es el sello distintivo de la comunidad cristiana.

ORACIÓN. *San José, ayúdanos a ser socios en el servicio del Evangelio.*

NOTICIAS de esto llegaron a la Iglesia en Jerusalén y enviaron a Bernabé a Antioquía. —Hch 11:22

ABR. 30

Las buenas noticias vuelan rápido

REFLEXIÓN. Como discípulos de Cristo que nos preparamos para otro Pentecostés, debemos reflexionar la Palabra de Dios en nuestros corazones con la oración.

Sólo así sabremos qué noticias contribuirán al bien de las personas y al de toda la comunidad.

ORACIÓN. *San José, ayúdanos a ser oyentes atentos y proclamadores alegres de la Buena Nueva.*

SI EL Señor no construye la casa, en vano trabajan los que la construyen. —Sal 127:1

MY. 1

No sobre arena sino sobre tierra firme

REFLEXIÓN. Participé en la construcción de más de un edificio en mi vida, por lo tanto, entiendo la importancia de la ingeniería preliminar.

Tiene sentido que pongamos el mismo esfuerzo en el fundamento de nuestra vida espiritual.

ORACIÓN. *San José, sé nuestro guía y ayúdanos a construir nuestra vida espiritual sobre tierra firme.*

SI PEDÍS algo al Padre en mi nombre, Él os lo dará. —Jn 16:23

MY. 2

¿Hay algo que quieras?

REFLEXIÓN. El propósito de la oración es disponernos a la voluntad y al diseño de Dios.

Las peticiones de lo que creemos que necesitamos no son en vano siempre que mantengamos la mente abierta a la voluntad de Dios.

ORACIÓN. *San José, ayúdanos a estar en sintonía con la mente de Dios en todas nuestras oraciones.*

QUIERO recordaros el Evangelio que os anuncié, que habéis recibido y en el que estáis firmes. —1 Co 15:1

MY. 3

Presta atención

REFLEXIÓN. Las madres son excelentes para recordarles a sus hijos que se abriguen, que se alimente bien y descansen lo suficiente.

Todos necesitamos mentores espirituales que hagan lo mismo por nosotros para nuestro crecimiento espiritual.

ORACIÓN. *San José, sé nuestro guía espiritual y mantennos enfocados en el Evangelio.*

EN GALILEA, ¿Por qué estáis ahí parados mirando al cielo? —Hch 1:11

MY. 4

Tenemos una misión que cumplir

REFLEXIÓN. La Ascensión de Jesús no es algo que debe ser explicado, sino un misterio que debía celebrarse.

Es el cumplimiento de su misión y el comienzo de nuestra misión que es continuar su obra a través de nuestro llamado.

ORACIÓN. *San José, ruega a Dios de nuestro deseo de ser siempre discípulos fieles.*

SUS discípulos le dijeron a Jesús: "ahora hablas claramente y no usas parábolas". —Jn 16:2

MY. 5

La vida tiene etapas

REFLEXIÓN. Si los discípulos de Jesús no estuvieron exentos de este proceso estratificado de crecimiento, entonces no deberíamos sorprendernos al descubrir que nuestro crecimiento en la fe también tiene etapas.

ORACIÓN. *San José, patrono y guía de los peregrinos, ruega a Dios para que siempre seamos perseverantes.*

ESTE es mi mandamiento: Que os améis unos a otros como yo os he amado. **MY. 6**

—Jn 15:12

Todo lo que necesitas es amor

REFLEXIÓN. Me he burlado de amigos porque han dicho "Te amo". Estas palabras pueden decirse de memoria y, luego, pierden significado.

Las palabras de Jesús nos recuerdan de que el amor está en el centro de quiénes somos y hacemos.

ORACIÓN. *San José, ayúdanos a ser sinceros en nuestro amor los unos por otros.*

LA VIDA eterna es esto: conocerte a Ti, único Dios verdadero, y a Jesucristo, a quien has enviado. **MY. 7**

—Jn 17:3

Presta atención a las palabras

REFLEXIÓN. San Pablo tenía razón cuando escribió: "Ya no vivo yo, sino que Cristo vive en mí".

Vivir en Cristo es tener acceso a Dios. Tener acceso a Dios es probar la vida eterna.

ORACIÓN. *San José, ayúdanos a reconocer a Cristo en el momento presente.*

ESTARÁS triste pero tu dolor se convertirá en alegría. —Jn 16:20

MY. 8

Hay un tiempo para el dolor, pero. . .

REFLEXIÓN. No existen atajos para aliviar la sensación de la pérdida de un ser querido, pero al aceptar nuestras pérdidas, nuestras penas se curan.

No sé cómo eso funciona, pero lo que sí puedo atestiguar que eso es verdad.

ORACIÓN. *San José, ayúdanos a aceptar nuestras pérdidas como lo hizo María, tu fiel esposa.*

CUANDO eras joven ibas a donde quisieras, pero cuando te haces viejo alguien más te llevará a donde no deseas ir. —Jn 21:18

MY. 9

Se necesita mucha fe para permanecerse fiel

REFLEXIÓN. Cuando era niño tenía mucha más libertad que como adulto. Incluso Jesús en su humanidad tuvo que crecer en su comprensión de su misión mesiánica.

No quiso morir; eligió ser fiel en la vida y hasta la muerte.

ORACIÓN. *San José, ayúdanos a abrazar cada día como una nueva oportunidad para vivir como vivió Jesús.*

CUANDO Pedro lo vio, dijo a Jesús: "Señor, ¿qué hay de él?" —Jn 21:21

MY. 10

¡No midas!

REFLEXIÓN. Dios nos da a cada uno de nosotros la medida de gracia que necesitamos para el día que tenemos por delante; de hecho, más de lo que necesitamos.

Una actitud de gratitud hace que las comparaciones sean irrelevantes.

ORACIÓN. *San José, ayúdanos a estar agradecidos por lo que tenemos y a estar dispuestos a compartirlo.*

EL QUE duda es como una ola del mar que es impulsada y sacudida por el viento. —St 1:6

MY. 11

No hay duda al respecto

REFLEXIÓN. Los períodos de duda momentáneos o incluso prolongados no son incompatibles con la fe.

San Anselmo definió la teología como "la fe que busca la comprensión". Pero la búsqueda de significado a menudo comienza con la duda.

ORACIÓN. *San José, cuando haya duda, ayúdame a buscar una mayor comprensión.*

MIENTRAS experimenta la tentación, nadie debe decir: "Dios me está tentando".
—St 1:13

MY.
12

Las tentaciones van y vienen

REFLEXIÓN. Dios no juega con nuestros esfuerzos sinceros por hacer el bien.

Dios no pone obstáculos en nuestro camino, sino que se asocia con nosotros y nos sostiene en los mares agitados por la tentación.

ORACIÓN. *San José, sé nuestro protector en el tiempo de la tentación para que siempre elijamos el bien sobre el mal.*

JESÚS les dio esta advertencia: "Tened cuidado y guardaos de la levadura de los fariseos y de la levadura de Herodes".
—Mc 8:15

MY.
13

Nos convertimos en el pan que comemos

REFLEXIÓN. Normalmente el pan que digerimos pasa a ser parte de nosotros, y supongo que por eso Jesús advirtió sobre la levadura de los fariseos y de Herodes.

Jesús es nuestro Pan y la comida principal de nuestra vida diaria.

ORACIÓN. *San José, ruega a Jesús de nuestra necesidad de una dieta constante del pan de Vida.*

TU NO me elegiste. Más bien yo te elegí a ti. Y te designé para que salieras y llevaras fruto. —Jn 15:16

MY. 14

Vayan, la Misa ha terminado

REFLEXIÓN. El propósito de nuestra reunión en la Eucaristía es ser enviados al mundo para marcar una diferencia en las vidas de aquellos que amamos y a quienes aún no hemos aprendido a amar.

Somos conductos de la gracia de Dios.

ORACIÓN. *San José, sé nuestro compañero en nuestro camino diario para que podamos vivir lo que proclamamos en la Eucaristía.*

¿QUIÉN dice la gente que soy? —Mc 8:27

MY. 15

¿Cómo lo sabrán?

REFLEXIÓN. Alguien comentó que su pastor es más cristiano que católico. Un buen católico es ante todo un buen cristiano. Así sabrán los demás quién es Jesús.

Un buen católico es primero que todo un buen cristiano. Es atravez de esta cualidad en que otros pueden reconocer a Jesus.

ORACIÓN. *San José, ayúdanos a ser católicos fieles siendo cristianos fieles.*

ENTONCES Pablo se puso de pie junto al areópago y dijo: "Lo que vosotros, pues, adoráis como desconocido, ahora os lo anuncio". —Hch 17:22-23

MY. 16

Confía en tus instintos espirituales

REFLEXIÓN. Dios nos habla a través de nuestros instintos.

Como cristianos arraigados en el Evangelio de Jesús a través de nuestra asociación con Él en oración y adoración, podemos confiar en nuestros instintos espirituales.

ORACIÓN. *San José, ayúdanos a reconocer la voz de Jesús en lo más profundo de nuestro ser.*

USTEDES son testigos de todas estas cosas. —Lc 24:48

MY. 17

No hay pruebas; Sólo testigos

REFLEXIÓN. En una era de tecnología y progreso científico, queremos una explicación para todo, sin embargo, la vida se desarrolla misteriosamente.

No hay contradicción entre fe y razón; ambos deben estar en diálogo entre sí porque Dios existe en ambos.

ORACIÓN. *San José, mantennos enfocados en la verdad cuando y dondequiera que surja.*

GALLIO habló a los judíos: "Pero como vuestro argumento se trata de palabras y nombres y su propia ley, resuélvelo ustedes mismos". —Hch 18:15

MY. 18

¡Detén tus discusiones!

REFLEXIÓN. El diálogo, en lugar de las disputas, es la forma más eficaz de resolver las diferencias.

Las doctrinas y los dogmas se formulan dentro de un contexto histórico y cultural que necesita ser investigado y comprendido.

ORACIÓN. *San José, ora para que busquemos sabiduría en todas nuestras deliberaciones.*

CUANDO Priscila y Aquila lo oyeron, lo llevaron aparte y le explicaron con mayor precisión en el Camino. —Hch 18:26

MY. 19

Las mujeres tienen una sabiduría diferente pero esencial

REFLEXIÓN. Tenemos mucho que agradecer a los carismas de grandes mujeres de la Iglesia que nos han ayudado a comprender más plenamente el Evangelio como: Priscila, Catalina de Siena, Teresa de Ávila y la Madre Teresa.

ORACIÓN. *San José, ayúdanos a apreciar los dones de las grandes mujeres de nuestra Iglesia.*

¿CUÁL es la fuente de estos conflictos y riñas entre vosotros? —St 4:1

MY. 20

Ten confianza en quién eres ante Dios

REFLEXIÓN. Antes de saber quiénes somos, debemos disciplinar nuestro ego y probar nuestra fuerza para complementar los dones de los demás.

Es muy importante que estemos del lado de Dios que convencer a otros de que Dios está con nosotros.

ORACIÓN. *San José, ayúdanos a confiar en el amor de Dios por nosotros para poder amar a los demás.*

NO SABES lo que te deparará el mañana. —St 4:14

MY. 21

Estaré allí, si Dios quiere

REFLEXIÓN. Para algunos esto es una expresión de superstición de que el mañana tal vez no llegue, pero no está de mas en incluir a Dios en todos nuestros planes, con la convicción de que todo es posible para Dios.

ORACIÓN. *San José, ayúdame a confiar en que Dios estará ahí siempre para mí.*

YA NO permaneceré en el mundo.

—Jn 17:11

MY. 22

La despedida es un dolor tan dulce

REFLEXIÓN. Algún día tenemos que partir de este mundo. Haríamos bien en pensar en nuestro mensaje de despedida, y en los mensajes que dejamos cada día a través de nuestro compromiso con el Evangelio.

Los testimonios vivos son poderosos.

ORACIÓN. *San José, ruega a Dios por mi deseo de ser fiel todos los días.*

POR ellos me consagro, para que ellos también sean consagrados en la verdad.

—Jn 17:19

MY. 23

Nosotros también debemos ser consagrados en la verdad

REFLEXIÓN. Vivir en la "verdad" es vivir en el Espíritu de Jesucristo, cuyos frutos son la caridad, la alegría, la paz, la paciencia, la bondad, la bondad, la fidelidad, la mansedumbre y el dominio propio.

ORACIÓN. *San José, ayúdame a vivir en gracia para que mis palabras y obras reflejen los frutos del Espíritu Santo.*

¡MANTENGAN el coraje! Porque así como habéis dado testimonio de mí en Jerusalén, así también debéis dar testimonio de mí en Roma. —Hch 23:11

MY. 24

Deja que tu conciencia sea tu guía

REFLEXIÓN. En la Iglesia hay derechos y responsabilidades que están arraigadas en la justicia y la caridad.

Al final del día, Dios habla más fuerte en una conciencia bien formada.

ORACIÓN. *San José, ayúdanos a formar nuestra conciencia en el Espíritu y en la verdad.*

NO OS quejéis unos contra otros, para que vosotros mismos no seáis juzgados. —St 5:9

MY. 25

Persevera en el Amor

REFLEXIÓN. Los cristianos maduros en la fe tienen derecho a que sus quejas legítimas sean resueltas y sus derechos reivindicados.

La caridad cristiana es el mayor juez de lo bueno y de lo malo. "En ti, Señor, se encuentran la justicia y la misericordia" (Sal 85).

ORACIÓN. *San José, ayúdame a actuar con compasión en la búsqueda de la justicia.*

"RABBUNI, déjame recuperar la vista". Jesús le dijo: "Sigue tu camino. Tu fe te ha sanado".
—Mc 10:51-52

MY. 26

Los ciegos a menudo ven lo que nosotros no vemos

REFLEXIÓN. Es de admirar los que entrenan los perros guía que guian a los ciegos.

Me hace pensar en lo ciego que puedo estar ante la gracia que nos permite ver con ojos de fe lo que el fisico no puede ver.

ORACIÓN. *San José, ayúdanos a ver con los ojos de la fe.*

ENTONCES dijo a la higuera: "Que nadie coma jamás del fruto de tus ramas".
—Mc 11:14

MY. 27

Todo el mundo tiene derecho a tener un mal día

REFLEXIÓN. Es probable que Jesús estuviera indicando que la fe es un asunto serio, algo que debe dar fruto.

Vivir la fe exige que dé frutos en palabras y obras que salgan del corazón.

ORACIÓN. *San José, ayúdanos a vivir cada día con una fe que da frutos.*

QUIEN quiera ser el primero entre vosotros, debe ser servidor de todos.
—Mc 10:44

MY. 28

No esperes demasiadas ventajas

REFLEXIÓN. Si vivimos diariamente concientemente de la presencia de Dios dentro de nosotros, no necesitaremos premios ni otros signos externos de honor.

Será suficiente saber que estamos haciendo lo que Dios mejor sabe hacer: amar sin límite.

ORACIÓN. *San José, ayúdanos a amar sin medida, sin esperar recompensa.*

AL PENITENTE Dios le proporciona un camino de regreso. Dios anima a los que están perdiendo la esperanza. —Si 17:19

MY. 29

Haz tu mejor esfuerzo

REFLEXIÓN. La mayoría de las veces, el pecado es el resultado de la ceguera y no de la intención de hacer daño.

Si hacemos lo mejor que podemos, Dios hará el resto.

ORACIÓN. *San José, ruega a Jesús de nuestro deseo de hacer el bien hoy y todos los días.*

MIENTRAS iban camino a Jerusalén, Jesús iba delante de ellos. —Mc 10:32

MY. 30

Todos tenemos nuestro propio camino hacia Jerusalén

REFLEXIÓN. Estamos llamados a escribir nuestro propio "evangelio" dando testimonio de cómo hemos utilizado los dones del Espíritu Santo al servicio de la humanidad en alabanza a Dios.

ORACIÓN. *San José, sé nuestro guía en el camino de la vida.*

BENDITA la que creyó que se cumplirá lo que el Señor le ha dicho. —Lc 1:45

MY. 31

No fue una visita cualquiera

REFLEXIÓN. Al reflexionar sobre el misterio de la intervención de Dios en la humanidad, también somos desafiados a "reverenciar" la presencia de Dios en nuestro "prójimo", es decir, nuestros vecinos.

ORACIÓN. *San José, protector de María, ayúdanos a reconocer la presencia de Dios en todos aquellos con quienes nos encontramos hoy.*

HE SIDO injuriado sin causa y estoy angustiado sin medida. —Tob 3:6

JUN. 1

La vida se vuelve complicada a veces

REFLEXIÓN. La integridad exige que nos propongamos completar nuestro trabajo diario lo mejor que podamos y asumir que otros están haciendo lo mismo y dejar el resto a Dios.

Si en el proceso fallamos o somos incomprendidos, nos ponemos en manos de Dios.

ORACIÓN. *San José, ayúdanos a vivir como si todo dependiera de nosotros y a orar como si todo dependiera de Dios.*

BUSQUÉ sabiduría abiertamente en mi oración; Recé por ella ante el templo y la buscaré hasta el final. —Sir 51:14

JUN. 2

¡Sea sabio pero no sea un "sabio"!

REFLEXIÓN. Los verdaderos sabios están atentos a la voz de Dios; se esfuerzan por vivir diariamente el ritmo de la vida de Dios.

Éstas son metáforas adecuadas para quienes luchan por la bondad y la piedad. Por lo tanto, perseveren en la oración y se les dará sabiduría a usted.

ORACIÓN. *San José, enséñame a orar como le enseñaste a orar a Jesús.*

TAMBIÉN hay muchas otras cosas que Jesús hizo. —Jn 21:25

JUN. 3

Hay más por venir, así que no te vayas

REFLEXIÓN. Juan continúa afirmando que si todo estuviera escrito, no habría suficientes libros en el mundo para registrarlos.

Debemos completar la historia de Jesús haciendo nuestra parte para poner en práctica todo lo que Jesús enseñó, para que nuestras vidas se conviertan en una historia del evangelio viva y sin ensayar.

ORACIÓN. *San José, ayúdanos a perseverar en la oración y en las buenas obras para que el Evangelio siga siendo proclamado.*

TOBÍAS dijo: "Hijo mío, deberías pensar en pagar la cantidad adeudada a tu compañero de viaje; darle más de la cifra acordada". —Tob 12:1

JUN. 4

Haz un esfuerzo adicional

REFLEXIÓN. Se ha dicho muchas veces de las que puedo contar, que Dios nunca es superado en generosidad.

Es cierto, las personas agradecidas son personas sanas; las personas sanas son personas agradecidas. ¡Amén!

ORACIÓN. *San José, ayúdanos a esforzarnos por tener una actitud de gratitud.*

POR lo tanto su fe le fue contada por justicia. —Rm 4:22

JUN. 5

Permanezcan firmes en la fe y la esperanza

REFLEXIÓN. Hay muchas situaciones y circunstancias desesperadas que exigen una señal de que a alguien le importa, de que a Dios le importa.

La fe nos ayuda a perseverar, a pesar de nuestras dudas.

ORACIÓN. *San José, ayúdanos a confiar en que Dios no nos abandonará en nuestro momento de mayor necesidad.*

DESDE niño conoces las Sagradas Escrituras. De ellos podrás adquirir la sabiduría que te conducirá a la salvación. —2 Tim 3:15

JUN. 6

La Biblia es una guía, no un arma

REFLEXIÓN. La Biblia es una fuente de sabiduría para el creyente. Sin embargo, debemos estar atentos a los eruditos bíblicos y comentaristas para ayudarnos a desentrañar el significado y la aplicación de textos difíciles.

La Biblia es una guía para promover la devoción.

ORACIÓN. *San José, mantennos enfocados en las verdades bíblicas que conducen a la vida eterna.*

TÚ ERES la sal de la tierra. —Mt 5:13

JUN. 7

Estamos llamados a ser "sal" para el Señor

REFLEXIÓN. El cristianismo auténtico no es sólo una cuestión de gustos, como cuando "la carne de una persona es el veneno de otra". Se trata de aceptar las tormentas de la vida con confianza a pesar del miedo a ahogarse.

Simplemente trabajamos más duro en la vida, convencidos de que no puede suceder nada que Dios y nosotros no podamos manejar juntos.

ORACIÓN. *San José, ayúdanos a tener un enorme entusiasmo por la vida y un celo por el Señor.*

NUESTRA competencia proviene de Dios quien nos ha empoderado para ser ministros de un nuevo pacto, no escrito sino del Espíritu. —2 Cor 3:6

JUN. 8

Hay una autoridad superior a la ley

REFLEXIÓN. Las reglas y regulaciones tienden a ser minimalistas. En realidad, son soluciones a prueba de fallos destinadas a defender las creencias y valores básicos de una comunidad y sus miembros cuando estas creencias y valores se ven amenazados.

ORACIÓN. *San José, ayúdanos a vivir este día según la regla del amor.*

SED fuertes y confiad en vosotros, todos los que esperáis en el Señor. —Sal 31:24

JUN. 9

Un cristiano tiene esperanza aunque no siempre sea optimista

REFLEXIÓN. El optimismo es una disposición humana que a veces se ve empañada por la realidad de que la vida en el mundo, e incluso en la Iglesia, no es lo que debería ser.

La esperanza es una virtud basada en la convicción sincera de que el Espíritu Santo no nos abandonará. Mantengan viva la esperanza hoy.

ORACIÓN. *San José, mantennos esperanzados ante nuestros desafíos diarios.*

ELLOS le dijeron: "Permítenos sentarnos uno a tu derecha y el otro a tu izquierda, en tu gloria". —Mc 10:37

JUN. 10

Los discípulos de Cristo no buscan privilegios

REFLEXIÓN. Jesús se refería a personas con una mentalidad de privilegios que creen que tienen derecho a títulos y honores especiales.

Es espiritualmente más seguro permanecer en la sombra que en el centro de atención, donde todas nuestras faltas pueden notarse fácilmente.

ORACIÓN. *San José, ayúdanos a reconocer nuestra fuerza en nuestra humildad.*

BIENAVENTURADOS los que tienen hambre y sed de justicia. . . —Mt 5:6

JUN. 11

Es un documento constitucional

REFLEXIÓN. La palabra "bienaventuranza" proviene de la palabra latina *beatus*, que significa "feliz" o "bendito". Algunos predicadores se han referido a las bienaventuranzas como las "actitudes felices".

¿Eres pobre de espíritu? Bien por usted. Estarás feliz contigo mismo y Dios también estará feliz contigo.

ORACIÓN. *San José, ayúdanos a mantener claras nuestras prioridades de hoy.*

COMO Dios es fiel, nuestra palabra para usted no es "Sí" y "No" . . . para Jesús Cristo nunca fue otra cosa que "Sí." —2 Cor 1:18a, 21b

JUN. 12

Sé una persona de palabra

REFLEXIÓN. Nos resulta difícil ser fieles a nuestra palabra. San Pablo nos recuerda que la respuesta de Jesús a la vida fue "sí" sin equívocos, sin importar el costo. Fue fiel desde la vida hasta la muerte.

Cada mañana tenemos la oportunidad de decir "sí", sin importar cuánto hayamos fallado ayer.

ORACIÓN. *San José, ayúdanos a ser fieles de adentro hacia afuera.*

YO NO he venido para abolir la ley ni los profetas. He venido a cumplirlos.
—Mt 5:17

JUN. 13

La ley del amor está escrita en nuestros corazones

REFLEXIÓN. Hay una ley superior a la ley escrita. Es la ley del corazón. Esto es lo que Jesús quiso decir cuando dijo que no vino para abolir la ley sino para llevarla a cumplimiento.

Si ponemos nuestro corazón en el bien que hacemos, cumpliremos el espíritu de la ley y mucho más.

ORACIÓN. *San José, ayúdame a vivir hoy el espíritu del Evangelio.*

TODO lo que necesitas hacer es decir "Sí" si quieres decir "Sí" y "No" si quieres decir "No."
—Mt 5:37

JUN. 14

Todo tiene un giro

REFLEXIÓN. La veracidad ha atravesado tiempos difíciles en muchos foros. Todos tenemos nuestras propias historias y somos propensos a exagerar la verdad para lucir y sonar mejor.

Pero siempre es mejor decir la verdad, toda la verdad y nada más que la verdad.

ORACIÓN. *San José, ayúdame a alabar a Dios con la verdad por difícil que sea.*

DIOS ama al dador alegre. —2 Cor 9:7

JUN. 15

Hablar notiene precio

REFLEXIÓN. Hay muchas maneras de ser generoso. Dar nuestros recursos monetarios es lo más obvio, pero dar nuestro tiempo y talento en el servicio cristiano suele ser más desafiante.

¿Cuántas vidas han cambiado para bien porque tú y yo nos hemos tomado el tiempo de "prestar" un corazón alegre y extender una mano dispuesta?

ORACIÓN. *San José, ayúdame a tener un corazón generoso con los necesitados.*

SI TU ojo derecho te hace pecar, sácatelo y tíralo. —Mt 5:29

JUN. 16

¡Ay!

REFLEXIÓN. Los escritores de los Evangelios emplearon muchas hipérboles al comunicar el desprecio de Jesús por el pecado.

Pero Jesús amaba al pecador sin lugar a dudas, y cuando las cosas se ponen feas, Jesús no nos considera criaturas "desechables". En última instancia, su amor nos ayudará a ver y actuar correctamente.

ORACIÓN. *San José, quiero amar a Jesús como Él me ama a mí. Ayúdame a mantener mis prioridades en orden.*

DIOS es Espíritu, y los que le adoran en Espíritu y en verdad es necesario que adoren. —Jn 4:24

JUN. 17

No digas dobleces, por favor

REFLEXIÓN. Estamos expuestos a un sinfín de cambios en la radio y en la televisión por parte de expertos en noticieros y anuncios repetitivos.

Adorar a Dios en Espíritu y en verdad es vivir cada día en la conciencia de la presencia permanente de Dios para que todo lo que digamos y hagamos alabe a Dios.

ORACIÓN. *San José, que seamos personas en las que no haya engaño.*

HE AQUÍ, ahora es el tiempo propicio; he aquí, ahora es el día de la salvación. —2 Cor 6:2

JUN. 18

"...Pero por la gracia de Dios..."

REFLEXIÓN. La gracia de Dios se da en abundancia a todos diariamente. No sé por qué a unos les funciona y a otros no. Se lo dejaré a Dios.

Mientras tanto, sí, cada día es un día de gracia y oportunidad podemos hacer lo que queramos con él.

ORACIÓN. *San José, ayúdame a permanecer en gracia hoy y todos los días.*

HABEIS oído que se dijo: "ojo por ojo y diente por diente", pero yo digo. . .

—Mt 5:38

JUN. 19

Espiritualidad extrema

REFLEXIÓN. Un sabio dijo una vez: "Ojo por ojo y diente por diente pueden dar como resultado dos ciegos que no saben masticar".

Es una de esas expresiones que tiene tanto sentido cuando pedimos perdón a los demás. Pero funciona en ambos sentidos.

ORACIÓN. *San José, dame un corazón que perdone.*

PORQUE donde esté tu tesoro, allí estará también tu corazón.

—Mt 6:21

JUN. 20

Menos es más

REFLEXIÓN. Siempre he viajado liviano ya sea por aire o por tierra, no porque sea un paradigma de virtud sino porque odio la molestia de los reclamos de equipaje y todo lo que conlleva el equipaje facturado.

La crisis del petróleo nos ha enseñado cómo podemos hacer más con menos. De hecho, menos es más.

ORACIÓN. *San José, ayúdame a vivir con más sencillez para tener más para dar.*

ESPERO que aguantes un poco de mis tonterías. —2 Cor 11:1

JUN. 21

Un poco de tontería no es malo

REFLEXIÓN. A veces hace falta un poco de tontería para hacer lo correcto.

De hecho, hay ocasiones en las que somos llamados a ser tontos por Cristo y hay muchos santos que han hecho lo mismo, San Francisco no es el menor entre ellos y San Luis, cuya fiesta celebramos hoy.

ORACIÓN. *San José, ayúdanos a conocer la diferencia entre ser un tonto por Cristo y una simple necedad.*

CUANDO oréis, no hagáis balbuceos interminables como lo hacen los paganos. —Mt 6:7

JUN. 22

Ora como puedas

REFLEXIÓN. Mi mamá tenía su conjunto de oraciones diarias. Las oraciones de mi padre eran no verbales y en su mayor parte espontáneas, pero sí recuerdo que se arrodillaba al lado de la cama todas las noches.

Las personas de fe tienen diferentes maneras de hablar con Dios y también diferentes intenciones y propósitos.

ORACIÓN. *San José, ayúdanos a orar de corazón sin importar cuál sea nuestro caso y causa.*

PIDO que las riquezas de su gloria les conceda fortaleza interior por su Espíritu y que Cristo habite en vuestros corazones por la fe. —Ef 3:16-17

JUN. 23

"Tienes que" tener corazón

REFLEXIÓN. ¿Alguna vez has notado con qué rapidez las personas con corazón levantan la mano para ayudar cuando la necesitan? Están actuando según la bondad de sus corazones, pero la bondad es más profunda que eso.

La bondad proviene de la palabra "Dios". Es la "Divinidad" dentro de nosotros la que nos mueve a levantar la mano para ayudar.

ORACIÓN. *San José, ayúdame a poner mi corazón en todo lo que hago hoy.*

ABRAHAM se inclinó hasta el suelo y se rió cuando pensó: "¿Acaso un hombre de cien años tiene un hijo?" —Gn 17:17

JUN. 24

No es motivo de risa, pero Dios sonrió

REFLEXIÓN. Nos reímos de lo espectacular, e incluso de los milagros, sin poder creer que lo imposible esté sucediendo ante nuestros ojos.

Es mejor que no planifiquemos nuestras vidas en torno a milagros, sino con la firme convicción de que no puede suceder nada en la vida que Dios y nosotros no podamos manejar juntos.

ORACIÓN. *San José, oramos para que podamos confiar a Dios tanto lo posible como lo "imposible".*

¿CÓMO podéis recitar mis estatutos o profesar mi pacto en vuestros labios? Si detestáis la disciplina y dejáis atrás mis palabras. —Sal 50:16-17

JUN. 25

¿Dónde están los profetas de hoy?

REFLEXIÓN. Hay profetas entre nosotros que son tan inflexibles en cuanto a la reforma como lo fueron los antiguos profetas como Amós y Miqueas.

Jesús advirtió a sus seguidores que no despreciaran las profecías.

ORACIÓN. *San José, ayúdanos a escuchar la voz de quienes nos llaman a la verdad, la justicia y la integridad.*

TODO el que regale un vaso de agua fría a uno de estos pequeños no quedará sin recompensa. —Mt 10:42

JUN. 26

Las pequeñas cosas significan mucho

REFLEXIÓN. Leí en alguna parte que el aleteo de una mariposa puede afectar el clima en todo el mundo.

Aunque no entiendo el principio científico subyacente, creo que entiendo el significado del mensaje. Ningún acto de caridad es demasiado pequeño para marcar la diferencia.

ORACIÓN. *San José, ayúdame a ser generoso hoy sin contar el costo.*

JESÚS dijo a sus discípulos: "Haced a los demás lo que queréis que os hagan a vosotros".
—Mt 7:12

JUN. 27

"Sonríe y el mundo sonríe contigo"

REFLEXIÓN. ¿Alguna vez has sonreído al caminar entre gente gruñona? La mayoría de la gente le devuelve la sonrisa.

Este ejemplo hogareño es sólo una muestra de lo que puede suceder a mayor escala cuando estamos dispuestos a estirar tanto nuestro corazón como nuestros labios.

ORACIÓN. *San José, ayúdanos a ser siempre personas de buen ánimo.*

EL BUEN árbol no puede dar malos frutos, ni el árbol malo puede dar buenos frutos.
—Mt 7:18

JUN. 28

Las manzanas no caen lejos del árbol

REFLEXIÓN. Con el tiempo, los niños eventualmente absorben las mejores cualidades de sus padres y acumulan otros activos a lo largo del camino desde profesores destacados, entrenadores, consejeros e incluso amigos.

Todos tenemos la oportunidad de sembrar algunas semillas de manzana.

ORACIÓN. *San José, ayúdanos a ser conscientes del poder del buen ejemplo.*

EL SEÑOR estuvo a mi lado y me dio fuerzas para que a través de mí el mensaje fuera proclamado plenamente. —2 Tim 4:17

JUN. 29

La Palabra de Dios no puede estar encadenada o contenida

REFLEXIÓN. El encuentro de Pedro con Jesús fue en vivo y sin ensayo. El encuentro de Pablo con Jesús fue una visión, pero tan real y personal como lo fue la relación de Pedro con Jesús.

Cada día nos brinda al menos una oportunidad de proclamar la Palabra de Dios.

ORACIÓN. *San José, ayúdanos a ser heraldos de la Buena Nueva, del amor perdurable de Dios.*

¿SI DIOS está con nosotros, quién podrá estar contra nosotros? —Rm 8:31

JUN. 30

Lo dieron todo para ganarlo todo

REFLEXIÓN. Para hacer práctica la ley del amor, debemos vivir en Cristo. Esto es especialmente cierto cuando las cosas se ponen difíciles y es difícil para hacer lo correcto.

Sólo en nuestra entrega a Cristo, como Él se entregó a su Padre, obtenemos la fuerza para vivir libremente, para siempre.

ORACIÓN. *San José, ayúdanos a ser testigos fieles del amor perdurable de Cristo.*

MIENTRAS Jesús caminaba, vió a un hombre llamado Mateo. Él le dijo, "Sígueme", y él se levantó y lo siguió.
—Mt 9:9

JUL.
1

Para bien o para mal, no hay vuelta atrás

REFLEXIÓN. En algún momento somos desafiados a comprometernos con una opción fundamental, es decir, una preferencia única de vivir como Jesús. Vivimos sin importar el costo, al menos en algún aspecto de nuestras vidas.

Estamos en buena compañía cuando caminamos con Jesús.

ORACIÓN. *San José, ayúdanos a perseverar en nuestro compromiso con Cristo.*

TOMA tu paga y vete. He elegido pagar a los recién llegados lo mismo que les pago a ustedes. —Mt 20:14

JUL.
2

¿La justicia de quién? ¿Tuya, mía o de Dios?

REFLEXIÓN. Cuando las cosas no salen como queremos, gritamos: "No hay justicia en el mundo".

La vida es así, pero al final del día debemos asegurarnos de luchar por la justicia de Dios que muestra una opción preferencial por los pobres y misericordia por el pecador.

ORACIÓN. *San José, que por tu intercesión busquemos la justicia mezclada con la misericordia.*

VENID a mí todos los que estáis cansados y sobrecargados, y yo os haré descansar. —Mt 11:28

JUL. 3

Shabat Shalom

REFLEXIÓN. Un número cada vez mayor de turistas nunca están lejos de su trabajo siempre que tengan sus computadoras portátiles y teléfonos celulares a la mano.

Necesitamos lo que yo llamo "tiempo de bolsillo", no sólo para "descansar", sino también para la oración y la adoración.

ORACIÓN. *San José, ayúdanos a mantenernos enfocados frente a nuestros desafíos diarios.*

SIRVE de ejemplo a los creyentes en tu palabra y conducta, en tu amor, tu fe y tu pureza. —1 Tim 4:12

JUL. 4

Somos libres para ser fieles

REFLEXIÓN. Nos enorgullecemos de ser una nación fundada sobre principios consistentes con el gobierno de Dios.

Somos libres de ser fieles, no sólo a nuestra constitución, sino a la visión de Cristo de que todos tengan un lugar en la "banquete" y en la mesa global.

ORACIÓN. *San José, ora para que no abandonemos nuestra herencia como nación ni nuestros principios como fieles cristianos.*

A JACOB se le dislocó la cadera mientras luchaba con Él. —Gn 32:26

JUL. 5

A veces luchamos con Dios

REFLEXIÓN. No es malo luchar con Dios. Es una forma de oración intensa y puede ser muy eficaz.

En cierto sentido, Dios sucumbe a nuestra "fuerza", no sin antes darnos un poco de sabiduría. Las cosas van mejor cuando "luchamos" con Dios en la oración.

ORACIÓN. *San José, ruega con nosotros para que no nos desanimemos en nuestro compromiso de oración.*

CUANDO se acercaron a él, dijo: "Yo soy vuestro hermano José, a quien vendisteis a Egipto." —Gn 45:4

JUL. 6

"La sangre es más espesa que el agua"

REFLEXIÓN. Cuando nos miramos unos a otros como si fuésemos familia, lo más probable es que hagamos un esfuerzo adicional y nos liberemos unos a otros especialmente cuando las cosas se ponen difíciles, para no empujarnos unos a otros contra la pared.

Somos hermanos de sangre en Cristo.

ORACIÓN. *San José, ayúdanos a amar a nuestro prójimo como verdaderos hermanos y hermanas en Cristo.*

ASÍ dice el Señor: Yo la seduciré; La llevaré al desierto y le hablaré al corazón.
—Os 2:16

JUL.
7

Nuestro Dios es romántico

REFLEXIÓN. Dios tiene un cerebro derecho altamente desarrollado. Nuestro Dios es un soñador.

Usando metáforas e hipérboles, no es muy difícil para llegar a la conclusión de que Dios está en la raíz del movimiento que llamamos amor. ¿Nos revestiremos de la mente y el corazón de Dios?

ORACIÓN. *San José, ayúdanos a hacer de este día un canto de alabanza a Dios.*

LA GENTE no echa vino nuevo en odres viejos.
—Mt 9:17

JUL.
8

"¡No crece hierba bajo sus pies!"

REFLEXIÓN. Mi abuela estaba llena de pequeñas frases para cada ocasión. Esto era particularmente apropiado para cualquiera que hablaba en serio de un trabajo o de un proyecto especial.

Necesitamos aportar el mismo entusiasmo y creatividad para vivir el Evangelio todos los días.

ORACIÓN. *San José, ayúdanos a estar entusiasmados para hacer siempre el bien.*

ENTONCES tuvo un sueño: una escalera descansaba en el suelo y su cuerda llegaba hasta el cielo. —Gn 28:12

JUL. 9

Nos impulsan nuestros sueños y visiones

REFLEXIÓN. Dios puede invitarnos a correr riesgos, pero Dios no nos llama a hacer tonterías ni a hacer cosas que dañen el alma.

A veces nuestras visiones y sueños pueden decirnos que no tenemos el control de nuestro destino, pero que Dios quiere unirse a nosotros para hacer realidad nuestros sueños.

ORACIÓN. *San José, ayúdanos a ser perspicaces en nuestros sueños como tú lo fuiste en los tuyos.*

NO DARÉ rienda suelta al ardor de la ira, no destruiré más a Efraín; porque yo soy Dios y no hombre. —Os 11:9

JUL. 10

"No dejes que el sol se ponga sobre tu ira"

REFLEXIÓN. El mayor desafío para los creyentes es mantener nuestro sentido de paz en medio de la agitación: en el ámbito político, en la Iglesia y en la familia.

Detente, mira y escucha. Vea, juzgue y actúe con gracia.

ORACIÓN. *San José, que con tu ayuda pueda hoy actuar con paciencia en todas las circunstancias.*

JUL. 11

SI TOMAS mis palabras en serio y vuelves tu oído a la sabiduría. . . comprenderás la justicia y el trato justo, y todos los caminos que conducen a la felicidad.

—Prov 2:1, 9

"Ora y Labora"

REFLEXIÓN. "Ora et labora" ("Oración y trabajo") es la Regla de Benito. Reflexión sobre la Palabra de Dios y servicio a la Palabra son eslabones esenciales en la vida espiritual.

Estamos llamados a orar y a vivir el Evangelio de la Justicia en nuestros corazones y en el mundo.

ORACIÓN. *San José, que vivamos en la conciencia de la presencia de Dios en pensamiento, palabra y obra.*

JUL. 12

LOS fariseos salieron y comenzaron a tramar cómo matarle. Cuando Jesús se dio cuenta de esto, se retiró de aquel lugar.

—Mt 12:14-15

El tiempo lo es todo

REFLEXIÓN. Cuando sus discípulos le preguntaban por qué se abstenía de hablar o actuar, a menudo respondía: "No es oportuno".

En otras palabras, no es el momento adecuado y podría hacer más daño que bien.

ORACIÓN. *San José, ayúdanos a estar alerta a los impulsos del Espíritu Santo.*

JUL. 13

QUÍTATE el calzado, porque el lugar donde estás es tierra santa. —Éx 3:5

Necesitamos respetar la tierra santa

REFLEXIÓN. No es el entorno lo que hace que una experiencia sea santa, sino la experiencia la que hace que el entorno sea santo. Le sucede a las personas que son alerta a las muchas maneras en que Dios interviene en sus vidas.

Este es un momento cuando la luz se enciende y nuestro nivel de energía aumenta para el bien.

ORACIÓN. *San José, ayúdanos a hacer lo ordinario de manera extraordinaria.*

JUL. 14

CUALQUIERA que quiera seguirme debe negarse a sí mismo, tomar su cruz y seguirme. —Mc 8:34

Elimina tu estrés

REFLEXIÓN. No conozco a nadie que haya escapado del malestar y el dolor de una enfermedad, la pérdida del trabajo, el fracaso de un matrimonio o la muerte de un ser querido.

No tenemos que buscar nuestras cruces. Nuestro estrés es a menudo nuestra cruz más pesada.

ORACIÓN. *San José, ayúdanos a soportar nuestras cruces sin quejarnos.*

AHORA que hemos sido justificados por la fe, estamos en paz. —Rm 5:1

JUL. 15

Nuestra fe nos ayudó a salir adelante

REFLEXIÓN. Cuántas veces he escuchado la expresión: "¡No sé qué hubiera hecho sin mi fe!" Puede deberse a la muerte de un ser querido o al alivio experimentado después de una terrible tormenta.

La fe nos sostiene en las buenas y en las malas.

ORACIÓN. *San José, ayúdanos a valorar el don de la fe como camino hacia la paz.*

NO PENSÉIS que he venido a traer paz a la tierra. No he venido a traer paz sino espada. —Mt 10:34

JUL. 16

¿Verdad o consecuencias?

REFLEXIÓN. La declaración de Jesús no tuvo nada que ver con la guerra, sino con la integridad.

Jesús estaba hablando inequívocamente a favor de la verdad y la justicia, advirtiendo a quienes las defienden ante reyes, presidentes y, sí, incluso ante eclesiásticos, que estuvieran preparados para enfrentar la espada.

ORACIÓN. *San José, ayúdanos a ser fuertes frente a quienes se oponen a la verdad.*

MI ALMA te anhela en la noche; mi espíritu dentro de mí vela por Ti.—Is 26:9

JUL. 17

Hay hambre de Dios

REFLEXIÓN. Dios necesita ser redescubierto no a través de definiciones teológicas sino en los ritmos misteriosos del universo.

Para muchos, Dios se encuentra en el silencio entre las notas de una hermosa pieza de música, o en las grietas de una montaña enorme, o en el silencio de la noche.

ORACIÓN. *San José, dame confianza al saber que Dios está tan cerca de mí como mi aliento.*

SI HUBIERAS entendido las palabras: "Misericordia deseo y no sacrificio", no habrías condenado a estos hombres que no tienen culpa. —Mt 12:7

JUL. 18

La justicia y la misericordia se encuentran en la compasión

REFLEXIÓN. No hay duda de que respetar la ley del país puede generar justicia para todos.

Cuando se infringen las leyes hay que mantener el orden, pero a veces la misericordia puede ocasionar un retorno al orden más fácilmente que la aplicación de los principios de estricta justicia.

ORACIÓN. *San José, ayúdame a equilibrar mi sentido de justicia con la compasión.*

TOCAMOS una flauta para ti, pero no quisiste bailar; cantamos un cántico fúnebre, y os negasteis a llorar.

—Mt 11:17

JUL. 19

Algunas personas son difíciles de satisfacer

REFLEXIÓN. Siempre habrá alguien que desprecie tus más nobles intentos por lograr lo imposible. Si dices que es blanco, alguien en la multitud dirá que es negro.

No midas tus éxitos por afirmación sino haciendo lo que sabes que es correcto. Dios hará el resto.

ORACIÓN. *San José, ruega por nosotros para que podamos hacer lo mejor que podamos hoy.*

HIJO mío, guarda mis palabras y haz de mis mandamientos tu tesoro. —Prov 7:1

JUL. 20

Haz lo que te dicen

REFLEXIÓN. Cuando mi mamá se frustraba con mis excusas para no hacer mis tareas del sábado, simplemente decía: "¡Haz lo que te dicen!". Es lo que ahora llamo su "teología fundamental".

Es una cuestión de conciencia, y ahí es donde Dios habla más fuerte.

ORACIÓN. *San José, ayúdame a estar atento a la voz de la conciencia en todo lo que digo y hago hoy.*

QUIEN hace la voluntad de mi Padre celestial es mi hermano, mi hermana y mi madre. —Mt 12:50

JUL. 21

Somos familia

REFLEXIÓN. Mis abuelos paternos tuvieron treinta y cinco nietos, treinta y seis bisnietos y un tataranieto. ¡Qué descendencia!

Nuestras reuniones familiares fueron las mejores y fue maravilloso ver lo unidos que permanecíamos. Así debería ser con la familia de Dios.

ORACIÓN. *San José, mantennos cerca de la Sagrada Familia para que nunca olvidemos nuestras verdaderas raíces familiares.*

ANTES de formarte en el vientre te conocí. Antes de que nacieras te formé, profeta a las naciones te nombré.

—Jer 1:5

JUL. 22

Estamos llamados

REFLEXIÓN. Todos nosotros tenemos un papel profético que desempeñar en el mundo y en la Iglesia.

La búsqueda de la honestidad, la integridad y la transparencia en todas estas áreas pueden ser muy profética en un mundo de política clandestina e Hipocresía religiosa.

ORACIÓN. *San José, ayúdanos a conocer y aceptar nuestro llamado y a testificar con valentía.*

HE AQUÍ, ahora subimos a Jerusalén y el Hijo del Hombre será entregado.
—Mc 10:33

JUL. 23

Debemos pasar por Getsemaní

REFLEXIÓN. Estamos llamados a hacer un amplio uso de los dones del Espíritu Santo al servicio de la humanidad en alabanza a Dios. Esto puede implicar un "viaje a Jerusalén".

En palabras de un elocuente maestro de retiros: "No somos dignos de nuestro llamado al discipulado hasta que hayamos pasado por Getsemaní".

ORACIÓN. *San José, ruega por nosotros para que seamos dignos de nuestro llamado al discipulado con Jesús.*

A CADA uno de nosotros nos es dada la manifestación del Espíritu para el bien común.
—1 Cor 12:7

JUL. 24

¡Lo usas o lo pierdes!

REFLEXIÓN. El "resultado final" no se refiere al dinero o la seguridad financiera sino más bien a la fe y a nuestro compromiso de "invertir" en nuestra fe a través de buenas obras.

Las buenas obras, a su vez, cosechan la recompensa de gracias adicionales que sostienen nuestra fe.

ORACIÓN. *San José, ayúdanos a utilizar sabiamente nuestros dones al servicio del prójimo.*

EL REINO de los cielos es como una semilla de mostaza. —Mt 13:31

JUL. 25

"Pájaros del mismo plumaje vuelan juntos"

REFLEXIÓN. El árbol de mostaza parece un gran nido de pájaro, una combinación desordenada de ramitas y ramas, y al igual que el nido de pájaro, atrae a una variedad de pájaros.

Es una buena metáfora de la Iglesia. A veces somos desordenados, pero Dios habita en el desorden y puede hacer maravillas a pesar de nuestros defectos.

ORACIÓN. *San José guíanos a pesar de nuestras carencias a hacer el bien al prójimo para gloria de Dios.*

AHORA alabaré a esos hombres y mujeres piadosos, nuestros antepasados, todos en su propio tiempo. —Sir 44:1

JUL. 26

Están en nuestro ADN

REFLEXIÓN. ¿Hacemos de hoy el "Día de los abuelos"? Los santos Ana y Joaquín fueron los abuelos de Jesús. ¿Qué fiesta más apropiada que tenemos para honrar a nuestros abuelos?

Jesús debe haber compartido su ADN. Me gustaría pensar que a nosotros también. El tiempo pasa rápido pero el corazón nunca olvida.

ORACIÓN. *San José, que siempre tengamos en reverencia a aquellos que nos han precedido.*

LOS discípulos se acercaron a Jesús y le dijeron: "¿Por qué hablas a la multitud en parábolas?" —Mt 13:10

JUL. 27

Lo obvio no siempre es obvio

REFLEXIÓN. Se necesita algo de esfuerzo para ir más allá de las palabras y llegar al misterio subyacente transmitido a través de la rima y el ritmo de las parábolas. Son sólo las puertas a una comprensión más profunda del misterio de la vida de Jesús.

Una vez que llegamos a su longitud de onda, sus mensajes tienen sentido.

ORACIÓN. *San José, ayúdanos a pensar con Jesús en lugar de pensar por Él.*

A CADA uno de nosotros nos es dada la manifestación del Espíritu para el bien común. —1 Cor 12:7

JUL. 28

Dios quiso plantar un jardín de la victoria

REFLEXIÓN. La Iglesia está llamada a ser un "jardín de la victoria" para la Palabra de Dios. Algunos de nosotros somos tomates, algunos son zanahorias y guisantes, algunos son hermosas flores; todos nosotros estamos llamados a nutrirnos y a enriquecernos unos a otros y a nuestro mundo con la riqueza y la belleza de Dios.

ORACIÓN. *San José, ayúdanos a ser receptivos a la semilla de la Palabra de Dios.*

MIENTRAS todos dormían vino su enemigo, sembró cizaña entre el trigo y luego se fue. —Mt 13:25

JUL. 29

Todos tenemos una mezcla de malezas y trigo dentro de nosotros

REFLEXIÓN. Un examen de conciencia diario es una buena herramienta para distinguir entre la cizaña y el trigo en nuestra alma.

Evite una lista larga, detallada y "enlatada" de posibles fallos y fallas.

ORACIÓN. *San José, ruega por nosotros para que seamos puros de mente y corazón en nuestras palabras y obras.*

CUIDADO con los escribas, a quienes les gusta. . . tener los mejores asientos en la sinagoga y lugares de honor en los banquetes. —Mc 12:38-39

JUL. 30

Los discípulos de Cristo no buscan estatus

REFLEXIÓN. Conozco pocos fieles que prefieren los primeros bancos, y los pocos que lo hacen están allí porque quieren participar plenamente, sin distracciones.

Sin embargo, existen otras formas, más sutiles, de buscar la atención de la multitud.

ORACIÓN. *San José, ayúdame a buscar sólo la gloria de Dios, en la oración y el servicio.*

COMO el barro en la mano del alfarero, así sois vosotros en mi mano, casa de Israel.
—Jer 18:6

JUL. 31

"Dios no hace basura"

REFLEXIÓN. Pienso en San Ignacio de Loyola, cuya fiesta celebramos hoy, como un gran alfarero cuyo impacto en la Iglesia quebrantada obró milagros de reforma.

Dios trabaja incansablemente para sacar lo mejor de cada uno de nosotros; hacemos bien en hacer lo mismo unos por otros.

ORACIÓN. *San José, ruega por nosotros para que seamos conscientes de que estamos formados a imagen y semejanza de Dios.*

NO HAY necesidad de que se vayan. Denles algo de comer ustedes mismos.
—Mt 14:16

AG. 1

Mantén un lugar extra en tu mesa

REFLEXIÓN. Siempre me parece interesante cuando rezamos antes de las comidas, "Señor, bendice a los pobres para que tengan lo suficiente para que coman hoy".

Jesús no es un mago. Él quiere que pongamos nuestro dinero donde están nuestras bocas y oraciones. ¡Establece un lugar extra en tu mesa!

ORACIÓN. *San José, haznos conscientes de todos los que tienen hambre en el mundo.*

ENTONCES la nube cubrió la tienda de reunión, y la gloria del Señor llenó la Morada. —Ex 40:34

AG. 2

Hay una necesidad del espacio sagrado

REFLEXIÓN. Vivimos en un mundo cacofónico en el que el deseo del éxito está complicando el camino hacia la armonía y la paz, no sólo entre las naciones sino también dentro de nosotros mismos.

Es necesario un espacio para contemplar el misterio de Dios dentro y alrededor de nosotros.

ORACIÓN. *San José, ayúdanos a mantener nuestras mentes y corazones en contacto y en sintonía con la presencia Divina.*

¿**P**OR qué mi dolor es continuo, mis heridas son incurables y se niegan a ser curadas? —Jer 15:18

AG. 3

Tenemos días buenos y días malos

REFLEXIÓN. Incluso la Madre Teresa sufrió largos períodos de lo que San Juan de la Cruz llamó "la noche oscura del alma", períodos de sequedad espiritual en los que no tenía un sentido de la presencia de Dios en su vida.

Dios nunca está lejos de nosotros a pesar de nuestra continua sequía.

ORACIÓN. *San José, profundiza mi fe para que sepa que Dios está siempre cerca.*

¿DÓNDE obtuvo este hombre tanta sabiduría y estos milagros?" —Mt 13:54

AG. 4

¿Cómo se volvieron tan sabios nuestros hijos?

REFLEXIÓN. A pesar de sus altibajos, nuestros hijos nos sorprenden con su ingenio y sabiduría a medida que maduran hasta la edad adulta, y estamos muy orgullosos de ellos cuando logran cosas buenas.

Es bueno estar orgullosos de nuestros hijos e incluso estar dispuestos a aprender de ellos.

ORACIÓN. *San José, ayúdanos a ser lo suficientemente abiertos y humildes para aprender de nuestros hijos.*

ESTE hombre merece la muerte; ha profetizado contra esta ciudad. —Jer 26:11

AG. 5

Haz espacio para los profetas

REFLEXIÓN. Los profetas hablan por Dios. Jeremías era un profeta; Juan el Bautista fue un profeta; Jesús fue el profeta de los profetas. Juana de Arco, Gandhi y Martin Luther King fueron profetas.

Hay nuevos profetas en escena que nos desafían sobre la justicia, la verdad y la integridad. Haríamos bien en estar atentos a sus voces.

ORACIÓN. *San José, que no temamos escuchar la voz del profeta.*

ESTE es mi Hijo amado en quien tengo complacencia. —Mt 17:5

AG. 6

Necesitamos destellos de gloria

REFLEXIÓN. La vida frente a desafíos personales puede esforzarnos. Bajo la apariencia del bien, la gente buena sucumbe al mal o, sin saberlo, utiliza el mal para promover el bien.

Necesitamos destellos de gloria para asegurarnos que Dios estará allí para ayudarnos a mantenernos en el buen camino.

ORACIÓN. *San José, guía y guardián de la Sagrada Familia, protégenos del engaño del mal.*

ENTONCES Pedro salió de la barca y comenzó a caminar sobre el agua hacia Jesús. —Mt 14:29

AG. 7

Necesitamos salir del barco y nadar

REFLEXIÓN. La fe no nos protege del miedo ni nos exime de bajar del barco y arremangarnos para afrontar los desafíos de la vida.

La fe no sería fe si pudiéramos ver los zapatos debajo de la superficie del agua.

ORACIÓN. *San José, ayúdanos a surcar las olas de la vida sin miedo.*

¡MIRAD, sobre las montañas avanza el portador de la buena nueva, anunciando la paz! ¡Celebra tus fiestas, oh Judá! —Nah 2:1

AG. 8

Equilibra los altibajos

REFLEXIÓN. Necesitamos días de fiesta personales y comunitarios, un tiempo para celebrar nuestras bendiciones y favores.

Necesitamos tiempo libre y alejarnos de la rutina diaria para escuchar música, ir a un concierto, ver una buena película, charlar con un viejo amigo o simplemente salir a caminar.

ORACIÓN. *San José, ayúdanos a valorar nuestro tiempo libre con nuestros familiares y amigos.*

ENTONCES os digo que, si no os cambiáis y os hacéis como niños, no entraréis en el reino de los cielos. —Mt 18:3

AG. 9

Sean como niños ante los ojos de Dios

REFLEXIÓN. Los niños tienen una inclinación natural a confiar y lamentablemente se les debe enseñar a tener cuidado con los depredadores que buscan hacerles daño.

Qué maravilloso ser como un niño ante los ojos de Dios, que sólo busca nuestro bien. La sencillez infantil puede derretir el corazón endurecido y convertir el odio en amor.

ORACIÓN. *San José, modelo para el niño Jesús, ayúdanos a vivir hoy con sencillez infantil.*

PORQUE donde dos o tres están reunidos en mi nombre, allí estoy yo en medio de ellos. —Mt 18:20

AG. 10

"Dos cabezas piensan mejor que una"

REFLEXIÓN. Las personas que se asocian a cualquier esfuerzo suelen producir mejores resultados que quienes lo hacen solos. Después de todo, somos socios de Dios, en Cristo continuando la obra del Evangelio.

Debemos asociarnos unos con otros de manera concreta todos los días, especialmente en nuestra preocupación por los pobres.

ORACIÓN. *San José, ayúdame a ser un socio fiel de Dios en Cristo Jesús por el bien del Reino.*

POR eso es cierto el dicho: "Uno siembra y otro cosecha". —Jn 4:37

AG. 11

¡No midas!

REFLEXIÓN. Podemos comparar rápidamente nuestros esfuerzos con aquellos que consideramos superiores.

Es mejor confiar nuestros esfuerzos y los esfuerzos de los demás a Dios. Al hacerlo, podemos estar seguros de que cada esfuerzo logrará la voluntad y el propósito de Dios.

ORACIÓN. *San José, ayúdanos a encomendar nuestros esfuerzos diarios a la mente y al corazón de Dios.*

SI TIENES una fe tan pequeña como una semilla de mostaza, . . . nada será imposible para ti. —Mt 17:20

AG. 12

La fe no es mágica ni automática

REFLEXIÓN. La fe no se trata de realizar tareas hercúleas. La fe comienza con creer en uno mismo, y creer en uno mismo conduce en última instancia a creer en la presencia permanente de Dios en todas las situaciones y circunstancias.

Es un movimiento profundo dentro del alma que altera la forma en que respondemos a la vida y a la muerte.

ORACIÓN. *San José, ayúdanos a hablar y actuar con fe confiada.*

JESÚS les dijo: "¿Quién decís que soy yo?" —Mt 16:15

AG. 13

¿Quién es Jesús para ti?

REFLEXIÓN. Podemos saber mucho sobre Jesús a través de nuestro estudio de su vida y de su mensaje, pero sólo a través de la oración y la meditación en los Evangelios podemos llegar a conocer a Jesús de una manera personal que nos permita responder esta pregunta desde el corazón.

ORACIÓN. *San José, ayúdanos a conocer a Jesús como tú lo conociste.*

AG. 14

QUE mis ojos se llenen de lágrimas día y noche, sin descanso, por la gran destrucción que abruma a la virgen hija de mi pueblo. —Jer 14:17

Deja que tu humanidad se muestre

REFLEXIÓN. Si permitiéramos que nuestra vulnerabilidad se mostrara, estaríamos mejor preparados para dejar que la misericordia domine nuestra respuesta a los demás en lugar de justicia.

No están reñidos. La misericordia ha sido a menudo la puerta a la justicia.

ORACIÓN. *San José, siguiendo tu ejemplo, que seamos humildes de corazón.*

AG. 15

MI ESPÍRITU se regocija en Dios mi Salvador. Porque ha mirado con favor la humildad de su siervo. —Lc 1:47-48

Ella es la señal de que la promesa se cumplirá

REFLEXIÓN. La fiesta de la Asunción no se trata de la tecnología del paso de María al cielo sino del cumplimiento de su misión en esta tierra. El destino de María es nuestro destino.

El mayor testimonio que podemos dar es el testimonio de una vida vivida en completa armonía con la voluntad de Dios.

ORACIÓN. *San José, devoto esposo de María, ayúdanos a conocer la voluntad de Dios y a vivirla.*

ENTONCES os digo que difícilmente entrará un rico en el reino de los cielos. —Mt 19:23

AG. 16

¿No estás feliz de no ser rico?

REFLEXIÓN. La verdad es que incluso los más pobres entre nosotros son más ricos que la mayoría de los pobres del mundo.

Las personas que buscan el reino de Dios están dispuestas a renunciar a las comodidades que les impiden vivir con justicia, dar generosamente y hacer lo correcto cuando sea conveniente o inconveniente.

ORACIÓN. *San José, ayúdanos a vivir con mayor sencillez.*

¿NO DEBÍAS tú haber tenido misericordia de tu consiervo, como yo tuve misericordia de ti? —Mt 18:33

AG. 17

"Lo que pasa, vuelve"

REFLEXIÓN. El perdón es uno de los imperativos más desafiantes, pero es un proceso que puede terminar o no en una reconciliación completa.

El perdón requiere mucho tiempo, pero puede traer sanación tanto al ofendido como al ofensor, y de hecho lo hace.

ORACIÓN. *San José, ayúdame a perdonar como yo he sido perdonado.*

PORQUÉ muchos son los llamados pero pocos los escogidos. —Mt 22:14

AG. 18

Necesitamos hacer más que aparentar

REFLEXIÓN. No basta con proclamar el nombre, llevar la cruz o asistir a la fiesta. Necesitamos seguir el camino, así como hablar.

Necesitamos revestirnos de la mente y del corazón de Cristo, para estar preparados para el viaje y listos para la fiesta.

ORACIÓN. *San José, ayúdanos a creer lo que proclamamos y a vivir lo que creemos.*

ENTONCES os digo que el que no recibe el Reino de Dios como un niño pequeño nunca entrará en él. —Mc 10:15

AG. 19

Dios nos llama a ser como niños, no como un inmaduro

REFLEXIÓN. Nada se puede comparar con una rabieta de un adulto. Es infantil, narcisista y egocéntrico, no un niño.

La verdadera infancia comienza con la conciencia de que todos somos hijos de Dios, socios en la empresa de la vida, asumiendo responsabilidad unos por otros sin anhelar atención ni tomar el control; un equilibrio delicado sin duda.

ORACIÓN. *San José, padre del Niño Jesús, ayúdame a ser más niño que inmaduro.*

POR lo tanto, tened cuidado de hacer todo lo que os digan, pero no sigáis su ejemplo, porque no practican lo que predican.

—Mt 23:3

AG. 20

¡Será mejor que practiques lo que predicas!

REFLEXIÓN. Los líderes religiosos pueden verse tentados a adoptar las técnicas de Madison Avenue para comercializar la religión, pero la mayoría de nosotros no estamos exentos de comercializar la religión como una mercancía más.

Evangelización no es lo mismo que marketing; los mejores evangelizadores son aquellos que practican lo que predican.

ORACIÓN. *San José, que seamos hacedores de la Palabra, no sólo predicadores.*

CREA en mí, oh Dios, un corazón limpio, y renueva dentro de mí un espíritu firme.

—Sal 51:12

AG. 21

El corazón de Dios es inclusivo

REFLEXIÓN. La inclusión está de moda en estos días. Pero así es como debería ser. Dios es inclusivo en su amor por todos. Este siempre ha sido el caso desde el principio de la creación.

¡Por tanto, no digáis que Dios está en mi corazón sino que yo estoy en el corazón de Dios!

ORACIÓN. *San José, ayúdame a amar a mi prójimo como soy amado por Dios.*

SI VUESTRA justicia no supera la de los escribas y fariseos, nunca entraréis en el Reino de los cielos. —Mt 5:20

AG. 22

Él vino a mostrarnos una nueva forma de vida

REFLEXIÓN. ¿Cuál es esta nueva forma de vida? Amar sin mirar el costo; desafiar sin molestar; perseguir la justicia sin venganza; tomar la causa de la justicia sin volverse moralista.

En otras palabras, vivir el espíritu de los Diez Mandamientos, no sólo la letra de la ley.

ORACIÓN. *San José, ayúdanos a ser justos en lugar de moralistas.*

NUESTROS huesos se han secado, nuestra esperanza se ha perdido y estamos cortados. —Ez 37:11

AG. 23

¡Oh, mis huesos doloridos!

REFLEXIÓN. Pasamos por períodos secos en la vida espiritual cuando Dios parece distante sin explicación. Los más grandes santos no estuvieron exentos de "la noche oscura del alma".

No es inusual que la mayor comprensión de la vida espiritual ocurra durante la oscuridad del alma.

ORACIÓN. *San José, sé mi protector cuando me siento solo.*

LA BONDAD y la verdad se encontrarán; la justicia y la paz se besarán. La verdad brotará de la tierra y la justicia mirará desde el cielo. —Sal 85:11-12

AG. 24

Es una buena mezcla

REFLEXIÓN. Algunas personas son capaces de mezclar franqueza y caridad. Es una buena combinación y particularmente es más importante cuando decimos la verdad resulta desagradable.

La caridad permitirá decir la verdad, pero disminuirá el dolor y disminuirá el sofoco.

ORACIÓN. *San José, ayúdanos a decir la verdad con sensibilidad.*

DEBEMOS siempre dar gracias a Dios por vosotros.... Porque vuestra fe crece cada vez más. —2 Tes 1:3

AG. 25

La afirmación positiva es muy útil

REFLEXIÓN. Necesitamos reforzar lo bueno de los demás durante los tiempos difíciles, no negar la realidad de su experiencia, sino aprovechar la experiencia que sabemos que tienen la gracia y el apoyo de familiares y amigos.

Un poco de miel hace que la medicina baje más fácilmente.

ORACIÓN. *San José, ayúdame a afirmar el bien en los demás hoy.*

POR lo tanto, estad despiertos, porque no sabéis ni el día ni la hora. —Mt 25:13

AG. 26

"Semper Fidelis; Semper Paratus"

REFLEXIÓN. Yo compararía el regreso de Cristo con la anticipación que experimentamos ante la llegada de un invitado especial.

Los psicólogos nos dicen que el sentimiento de alegría está estrechamente asociado con el sentimiento de ansiedad, algo así como las mariposas que experimentamos ante la perspectiva de que algo maravilloso esté a punto de ocurrir.

ORACIÓN. *San José, ayúdame a vivir cada día anticipando la venida de Cristo: "siempre fiel, siempre preparado".*

AY DE vosotros, escribas y fariseos, hipócritas! Sois como sepulcros blanqueados, que por fuera lucen hermosos. —Mt 23:27

AG. 27

Autenticidad: el sello distintivo de un verdadero cristiano

REFLEXIÓN. Uno de los comentarios más agradables que una persona puede hacer sobre alguien es: "Lo que ves es lo que obtienes".

¡Espero que hayas recibido ese cumplido más de una vez!

ORACIÓN. *San José, ayúdame a ser transparente en todo lo que digo y hago hoy.*

AG. 28

NO OS falta ningún don espiritual mientras esperáis la revelación de nuestro Señor Jesucristo. —1 Cor 1:7

Cada día es un regalo y una bendición

REFLEXIÓN. El mayor desafío en la vida es encontrar algo por lo que estar agradecido cada día. Esto es difícil particularmente durante momentos estresantes.

Una vida espiritual activa genera confianza en que hoy no puede suceder nada que pueda abrumarnos si permanecemos cimentados en Cristo.

ORACIÓN. *San José, mantennos cimentados en la fe y confiados en la gracia de Dios.*

AG. 29

CEÑID vuestros lomos; levántate y diles todo lo que yo te mando. —Jer 1:17

No tengas miedo de hablar

REFLEXIÓN. La palabra "mártir" significa literalmente "testigo". Hay personas con complejo de mártir que parecen deleitarse con la gloria del martirio.

Pero los verdaderos mártires no son masoquistas. Son personas de fe comprometidas con la justicia y la integridad por el bien de la "verdad incómoda" del Evangelio.

ORACIÓN. *San José, ayúdame a ser valiente ante la injusticia o el engaño.*

PUESTO que en las cosas pequeñas habéis sido fieles, os daré responsabilidades mucho mayores. —Mt 25:21

AG. 30

Haz lo mejor que puedas

REFLEXIÓN. Si desea evaluar el potencial de alguien para hacer el bien, observe cómo atiende las pequeñas cosas y cómo trata a la gente común en sus vidas.

La cadena es tan fuerte como su eslabon más débil. Si haces lo mejor que puedes, Dios hará el resto.

ORACIÓN. *San José, ayúdame a hacer lo ordinario de manera extraordinaria.*

AL ATARDECER le trajeron todos los que estaban con diversas enfermedades. —Lc 4:40

AG. 31

Todo es cuestión de curación

REFLEXIÓN. Cuando ocurren enfermedades o catástrofes que amenazan la vida, oramos por rescate, pero también oramos por el coraje para abrazar el dolor y hacer todo lo que esté a nuestro alcance para ser instrumentos de curación para otros que no pueden ayudarse a sí mismos.

Los milagros todavía suceden.

ORACIÓN. *San José, ayúdanos a ser instrumentos de sanación y canales de gracia para los demás.*

CUANDO llevaron sus barcas a la orilla, lo dejaron todo y lo siguieron. —Lc 5:11

SEPT. 1

Seguir a Jesús hasta las profundidades es un esfuerzo

REFLEXIÓN. Es fácil caminar con Cristo en verdes praderas y a lo largo de la orilla del mar. No es tan fácil cuando las aguas turbias suben rápidamente alrededor de nuestra cintura.

Jesús está siempre a nuestro lado.

ORACIÓN. *San José, ayúdanos a ser conscientes de que Jesús está siempre con nosotros.*

EL VINO nuevo debe echarse en odres nuevos. —Lc 5:38

SEPT. 2

"Necesitamos adoptar una nueva forma de pensar"

REFLEXIÓN. Cuando hizo esta declaración ante la comisión para la revisión del Código de Derecho Canónico al concluir El Concilio Vaticano Segundo, San Pablo VI no pedía el abandono de la tradición sino una nueva mirada a los valores centrales del Evangelio en los que están arraigadas nuestras tradiciones.

ORACIÓN. *San José, que con tu ayuda podamos permanecer fieles a los valores del Evangelio.*

SEPT. 3

¿POR qué haces lo que está prohibido en sábado? —Lc 6:2

"Santificad el sábado"

REFLEXIÓN. Las necesidades de la vida moderna exigen con frecuencia que más de un miembro de la familia trabaje.

Necesitamos incorporar un espíritu de recogimiento en medio de nuestras rutinas diarias, especialmente el domingo, para mantener nuestra perspectiva clara y el ritmo de nuestras vidas al ritmo de Dios.

ORACIÓN. *San José, ayúdanos a alabar a Dios en todo lo que decimos y hacemos cada día.*

SEPT. 4

DEL Señor son la tierra y su plenitud; el mundo y los que en él habitan. —Sal 24:1

No somos lo que poseemos

REFLEXIÓN. El derecho de propiedad privada es sagrado, pero está equilibrado por las exigencias del bien común.

Pagamos nuestros justos impuestos no sólo por los servicios públicos que nos prestan sino también para garantizar que se satisfagan las necesidades de los pobres.

ORACIÓN. *San José, mantennos atentos a las exigencias de la justicia social y del bien común.*

SEÑOR, da éxito al trabajo de nuestras manos. —Sal 90:17

SEPT. 5

"Todo trabajo y nada de juego"

REFLEXIÓN. Sería maravilloso si nuestro trabajo fuera una extensión del juego. Sin embargo, tanto el trabajo como el juego pueden ser una oración durante ofrecimiento matutino.

Oh Dios, te ofrezco todas mis oraciones, obras, alegrías y sufrimientos de este día para tu gloria y para el bienestar de las personas.

ORACIÓN. *San José Obrero, sé nuestro guía y protector en todas nuestras obras, alegrías y sufrimientos.*

TE ALIMENTÉ con leche, en lugar de alimentos sólidos que no estabas listo para digerir. —1 Cor 3:2

SEPT. 6

Todo comienza con comidas para bebés

REFLEXIÓN. San Pablo sabía de qué estaba hablando cuando se dirigió a la incipiente comunidad de fe en Corinto. Entendió que se necesita mucho tiempo para "digerir" el Evangelio.

Muy pocos de nosotros lo hacemos bien la primera vez. Crecemos en sabiduría y gracia en etapas.

ORACIÓN. *San José, que podamos crecer en el conocimiento y el amor de Dios con paciencia.*

PONDRÉ mi ley dentro de ellos y la escribiré en sus corazones. —Jer 31:33

SEPT. 7

Lleva tu corazón en la manga

REFLEXIÓN. Jeremías presentó al pueblo judío un pacto que revelaría el corazón de Dios y transformaría sus corazones de tal manera que su respuesta a Dios fuera instintiva, sincera y transparente.

Ese pacto nunca fue revocado y se nos extiende en la nueva dispensación.

ORACIÓN. *San José, ayúdanos a reflejar la mente y el corazón de Dios en todo lo que decimos y hacemos.*

"**S**EÑOR, si eres Tú, ordena que vaya a ti a través del agua". Él dijo: "¡Ven!" —Mt 14:28-29

SEPT. 8

¡Pero no puedo nadar!

REFLEXIÓN. A veces nos volvemos locos y sentimos que nos vamos a ahogar. Podría deberse al estrés en el trabajo, una relación rota o incluso una enfermedad potencialmente mortal.

Con Pedro clamamos: "Señor, ayúdame; ¡Estoy completamente perdido! Y Jesús responderá: "Vamos ¡a nadar juntos!"

ORACIÓN. *San José, guíanos para que podamos nadar hoy en el mar de la gracia de Dios.*

ESCRIBA la visión claramente en las tablas, para que uno pueda verlo fácilmente. Porque la visión tiene su tiempo. —Hab 2:2-3

SEPT. 9

Aférrate a tus sueños

REFLEXIÓN. La mayoría de los mayores logros de la humanidad comenzaron con un sueño. Los sueños generan energía que hace posible lo que parece imposible.

La oración diaria es un buen lugar para que los sueños germinen porque es en la oración donde Dios habla más fuerte.

ORACIÓN. *San José, ayúdanos a estar atentos a la voz de Dios en nuestra oración diaria.*

NO HAY tesoro que se pueda comparar con un cuerpo sano; no hay felicidad que supere un corazón alegre. —Sir 30:16

SEPT. 10

Estar sano de cuerpo y mente

REFLEXIÓN. Los estudios han establecido conexiones importantes entre el sistema inmunológico y una actitud mental y espiritual saludable.

Una persona que mantiene una dieta equilibrada, ejercicio diario y un régimen de oración diaria enfrentará los desafíos de la vida con gracia y con gratitud.

ORACIÓN. *San José, ayúdanos a estar sanos de mente, cuerpo y espíritu.*

YA TODOS los que por causa de mi nombre dejaron hermanos, hermanas, padres, madres o hijos. . . heredarán la vida eterna. —Mt 19:29

SEPT. 11

¿Debemos renunciar a todo?

REFLEXIÓN. Esta invitación implica mucho más que renunciar al hogar y a la familia por el dominio de Dios.

Se trata de entregar nuestro corazón a Dios. Al hacerlo, todos nuestros apegos legítimos estarán en la medida debida y en proporción correcta a nuestro amor a Dios.

ORACIÓN. *San José, ayúdame a amar a Dios con todo mi corazón y alma.*

MUCHOS han caído a filo de espada, pero no tantos como han caído por la lengua. —Sir 28:18

SEPT. 12

Cuida tu lengua

REFLEXIÓN. Todavía puedo escuchar esas palabras pronunciadas por mi maestra de tercer grado. La mayor arma de destrucción masiva no es una ojiva nuclear sino la lengua humana.

Los discursos maliciosos o los chismes pueden causar daños de por vida no sólo a la víctima sino también al perpetrador.

ORACIÓN. *San José, instrúyeme para que tenga una lengua bien prudente y que no haga daño.*

OH SEÑOR, presta atención a mi oración; el día en que te llamo respóndeme rápidamente. —Sal 102:2-3

SEPT. 13

No tenemos a dónde acudir excepto a Dios

REFLEXIÓN. Es una extraña paradoja que en medio de una larga noche sin dormir o en medio de un feroz huracán, creyentes y no creyentes recurren a Dios y encuentran aspiraciones que han olvidado hace mucho tiempo y que parecen marcar la diferencia entre la vida y la muerte, sin exclusiones.

ORACIÓN. *San José, ayúdame a ser fiel a la oración en los buenos y en los malos momentos.*

PORQUE tanto amó Dios al mundo que dio a su único Hijo, para que todo el que cree en él no perezca. —Jn 3:16

SEPT. 14

La Cruz: ¡Nuestra única esperanza!

REFLEXIÓN. Aunque es un instrumento de ejecución, para muchos la cruz es un símbolo de vida. La barra vertical representa nuestra conexión con Dios; la horizontal para nuestra conexión mutua.

No podemos permanecer conectados con Dios sin permanecer conectados unos con otros y viceversa.

ORACIÓN. *San José, que el poder de la cruz sea nuestra esperanza duradera de salvación.*

YA TI mismo te traspasará una espada. —Lc 2:35

SEPT. 15

No hay escapatoria del dolor

REFLEXIÓN. Lamentamos nuestras pérdidas con la esperanza de algo más o mejor.

Nuestro dolor unido al dolor de María puede ser una oración ferviente que produzca una rica cosecha en nuestra propia transformación y en la transformación de nuestro mundo. El duelo puede ser la puerta para la cicatrización.

ORACIÓN. *San José, que nuestro dolor, unido al dolor de María, conduzca a la alegría.*

EL AMOR al dinero es la raíz de todos los males. —1 Tim 6:10

SEPT. 16

No hay bolsillos en las mortajas

REFLEXIÓN. La antigua práctica del diezmo es un buen lugar para dar freno a la avaricia: no sólo un diezmo sobre los ingresos personales sino también tiempo y talento personal.

La práctica de dar generosamente no es suficiente. Estamos llamados a dar con sacrificio.

ORACIÓN. *San José, danos un corazón generoso por el bien de los demás, especialmente el de los pobres.*

CUANDO os reunís en vuestra asamblea, oigo que hay divisiones entre vosotros.

—1 Cor 11:18

SEPT. 17

La civilidad está perdiendo terreno

REFLEXIÓN. La "radio hablada" puede tener su lugar, pero no ha promovido la virtud del civismo en nuestra sociedad.

La Iglesia debe proporcionar una plataforma para el diálogo civil en un mundo dividido por guerras religiosas, culturales y políticas. Cada uno de nosotros puede marcar la diferencia.

ORACIÓN. *San José, donde hay odio, déjame sembrar amor. Que yo sea portador de la paz de Dios como lo fuiste tú.*

CUMPLE tus deberes con humildad y serás amado más que a un benefactor.

—Sir 3:17

SEPT. 18

La gente humilde conoce a Dios

REFLEXIÓN. La humildad no es menospreciar el espíritu humano sino un reconocimiento honesto de quiénes somos ante los ojos de Dios.

Somos todo para Dios, pero la persona humilde dirige su atención a Dios más que a así mismo y ve la bondad de Dios en otras personas.

ORACIÓN. *San José, ayúdame a ceder ante Dios en todos mis pensamientos, palabras y obras.*

DISCIPLINO mi cuerpo y lo pongo bajo control, por temor de que después de predicar a otros, quede descalificado.

—1 Cor 9:27

SEPT. 19

Somos evangelizadores, pero primero de nosotros mismos

REFLEXIÓN. San Pablo VI afirmó en su Exhortación Apostólica "Sobre la evangelización en el mundo moderno", enseña que antes de predicar el Evangelio a los demás, primero debemos predicarnos el Evangelio a nosotros mismos.

"Mirad, pues, cómo escucháis"(Lc 8,18).

ORACIÓN. *San José, ayúdanos a predicar el Evangelio viviendo el Evangelio.*

HAY un tiempo para derribar y un tiempo para construir. —Ecl 3:3

SEPT. 20

Estamos constantemente construyendo y reconstruyendo

REFLEXIÓN. Los edificios se levantarán, caerán y volverán a levantarse, pero la Iglesia debe ser más que un edificio. Primero debe ser un pueblo de fe, de esperanza y de amor.

Todo lo que necesitamos para ser "iglesia" es una Iglesia, una Biblia, una mesa y algo de pan y vino.

ORACIÓN. *San José, protector de la Iglesia, ayúdanos a ser una Iglesia sin muros.*

A CADA uno de nosotros se nos dio gracia según la medida en que Cristo la asignó. —Ef 4:7

SEPT. 21

La gracia de Dios es suficiente

REFLEXIÓN. Cuando los candidatos y catecúmenos se reúnen durante el "período de escrutinio", comparten sus "historias de fe" personales que explican cómo llegaron a su decisión de buscar la entrada en plena comunión con la Iglesia Católica Romana.

Es maravilloso ver la gracia de Dios obrando en sus vidas.

ORACIÓN. *San José, guía a quienes buscan la plena comunión con la Iglesia Católica Romana.*

Y PARTE de la semilla cayó en buena tierra, y cuando creció dio fruto de cien veces. —Lc 8:8

SEPT. 22

Dios es el sembrador fiel

REFLEXIÓN. Las personas de fe son muy agradecidas que no dan por sentado su vida sino que permanecen abiertas al Espíritu de Dios que se mueve al ritmo de la naturaleza y al ritmo de sus vidas.

Éstas son las etapas de la vida que aportan nuevos conocimientos a nuestra fe.

ORACIÓN. *San José, mantennos alerta al Divino sembrador.*

HACER lo correcto y lo justo es más aceptable al Señor que los sacrificios.

—Prov 21:3

SEPT. 23

Simplemente haz lo correcto

REFLEXIÓN. Vivir una vida de integridad es costoso. Pero al final del día, hay una gran satisfacción al saber que hemos hecho lo mejor que pudimos sin importar el costo.

En palabras de Dietrich Bonhoeffer, no existen gracias baratas.

ORACIÓN. *San José, ayúdame a ser una persona íntegra sin importar el costo.*

NO LLEVEIS nada para el camino, ni bastón, ni alforja, ni pan, ni dinero.

—Lc 9:3

SEPT. 24

Moderación en todas las cosas

REFLEXIÓN. Consideremos lo que significa vivir con sencillez en un mundo que da alta prioridad al consumo de gran parte de lo que no necesitamos, mientras que la mayoría de la población mundial tiene hambre de satisfacer las necesidades básicas sin tener poder adquisitivo para obtenerlas.

ORACIÓN. *San José, que tengamos la sabiduría para conocer el camino de la sencillez.*

NO NIEGUES la bondad a nadie a quien lo necesita si en tus manos está en hacerlo. —Prov 3:27

SEPT. 25

Confía en tus instintos

REFLEXIÓN. La virtud es la práctica del bien o de lo divino.

Santo Tomás de Aquino lo expresó de manera un poco diferente. Dijo que la virtud es un buen hábito: repetir una buena obra hasta que se vuelve instintiva.

ORACIÓN. *San José, ayúdame a buscar el bien hasta que se vuelva instintivo.*

PARA todo hay una estación y un tiempo para cada actividad bajo el cielo. —Ecl 3:1

SEPT. 26

Todo tiene su momento y su lugar

REFLEXIÓN. Hay un ritmo en la vida que está más allá de nuestro control y, en muchos casos, más allá de nuestra capacidad de comprender.

Así que demos al ritmo de este día lo mejor que tenemos para ofrecer y dejemos el resto a Dios.

ORACIÓN. *San José, que con tu ayuda tengamos la capacidad de aceptar cada día con gracia y gratitud.*

NO TRABAJES por comida que perece, sino por comida que perdura para la vida eterna. —Jn 6:27

SEPT. 27

Mantenga las mesas conectadas

REFLEXIÓN. Como párroco solía preguntar a los niños dónde encontrarían la mesa más importante de la parroquia. Señalarían la Mesa de la Eucaristía.

¿Y la segunda mesa más importante de la parroquia? ¡Nuestra mesa familiar! ¿Y el tercero? La mesa de la humanidad.

ORACIÓN. *San José, ayúdanos a mantener nuestras mesas conectadas.*

NADIE hacia atrás es apto para el reino de Dios. —Lc 9:62

SEPT. 28

Los cristianos no se dan por vencidos

REFLEXIÓN. El recuerdo de los buenos tiempos puede darnos energía a medida que avanzamos hacia el futuro. Estamos en una época de reformas, lo que significa una recuperación de las cosas buenas del pasado.

La integración de nuevos conocimientos en verdades del pasado que producen una nueva sabiduría.

ORACIÓN. *San José, danos la sabiduría que nos ayude a perseverar como discípulos fieles.*

PORQUE Dios ordenará a sus ángeles que te guarden dondequiera que vayas.

—Sal 91:11

SEPT. 29

El alcance angelical de Dios

REFLEXIÓN. Los ángeles no son criaturas con túnicas ondeantes y alas que flotan por el universo. Son impulsos de la gracia de Dios.

No existen para proteger a los tontos sino para recordarnos el cuidado providente de Dios.

ORACIÓN. *San José, haznos confiar en el cuidado providente de Dios.*

TODA la Escritura está inspirada por Dios y es útil para enseñar y entrenarse en la rectitud.

—2 Tim 3:16

SEPT. 30

La Palabra de Dios tiene poder para salvar

REFLEXIÓN. Junto con la Eucaristía, la Escritura es nuestro "pan de cada día".

Aunque las Escrituras deben entenderse según su forma o género literario particular, hay una abundancia de sabiduría divina que yace debajo del significado de las palabras, sin importar la traducción o el género.

ORACIÓN. *San José, ayúdanos a reverenciar la Palabra de Dios en todas sus formas.*

NO OS regocijéis sabiendo que los espíritus están sujetos a vosotros. Alegraos más bien de que vuestros nombres estén inscritos en el cielo.

—Lc 10:20

OCT. 1

Confiado no arrogante

REFLEXIÓN. Santa Teresa estaba confiada pero lejos de ser arrogante.

Se dice que la imitación es la forma más elevada de admiración. Pero si estuviera hoy con nosotros, Teresa no buscaría admiración ni imitación, sino fidelidad a un camino sencillo, que mantiene a Dios en el centro de todo lo que decimos y hacemos.

ORACIÓN. *San José, sé nuestro guía por el camino de la sencillez.*

DEJAD que vuestra mente se llene de todo lo que es verdadero, todo lo honorable, todo lo justo, todo lo puro, todo lo agradable. . . —Fil 4:8

OCT. 2

Sea un tirador directo

REFLEXIÓN. Hay muchas personas con ideales elevados pero que se apresuran cuando ven algo que resta valor a la integridad dentro de la comunidad. La mezcla de franqueza y caridad es extraña.

Un buen cristiano aprende a desafiar sin molestar.

ORACIÓN. *San José, ayúdanos a mantener nuestros ideales sin sucumbir a la ingenuidad.*

OH SEÑOR, que mi oración hacia a ti; inclina tu oído a mi llamada. —Sal 88:3

OCT. 3

Un día a la vez

REFLEXIÓN. La vida puede ser una lucha. Establecemos nuestras metas para el día sólo para descubrir que superan nuestras limitaciones.

Haz tu mejor esfuerzo hoy, pero si no sale como lo planeaste, no te desanimes. Mañana es otro día.

ORACIÓN. *San José, mantennos enfocados en lo que es importante hoy.*

TE DOY gracias, Padre, porque has escondido estas cosas a los sabios y a los entendidos. —Mt 11:25

OCT. 4

Ser sencillo es un regalo

REFLEXIÓN. Personas de todas las tradiciones religiosas admiran y aman a San Francisco. Para algunos fue su amor por la creación y especialmente a los que les agrada animales. Para otros, fue su dependencia infantil de Dios.

Creo que el mayor regalo de Francisco al mundo es la sencillez: una prueba positiva de que, efectivamente, menos puede ser más.

ORACIÓN. *San José, ayúdame a apreciar el don de la vida y el don de este día.*

DEJA que lo que escuchaste desde el principio permanezca en ti. —1 Jn 2:24

OCT. 5

Volver a lo básico

REFLEXIÓN. Fuimos creados a imagen y semejanza de Dios. Por tanto, estamos destinados a la dignidad de la divinidad.

También aprendimos en nuestro "catecismo" que somos hijos adoptivos de Dios, coherederos con Cristo. Es un pensamiento asombroso que debería tener un impacto en nuestra autoestima.

ORACIÓN. *San José, que con tu ayuda podamos vernos como Dios nos ve.*

BIENAVENTURADOS los ojos que ven lo que vosotros veis. —Lc 10:23

OCT. 6

Dios está en todas partes

REFLEXIÓN. Quienes miran lo ordinario con ojos de fe a menudo ven lo extraordinario. Hay belleza en todas las cosas creadas y hay bondad en nuestro prójimo que sólo necesita ser aprovechada.

Vale la pena esforzarse para ver el rostro de Dios en todas las criaturas.

ORACIÓN. *San José, ayúdame a estar alerta a la presencia de Dios en todas las personas con las que me encuentro hoy.*

MI ALMA proclama la grandeza del Señor. —Lc 1:46

OCT. 7

Fiesta del Santo Rosario

REFLEXIÓN. El Rosario es una herramienta que nos ayuda a centrarnos en los misterios más profundos de la vida a través del lente de la fe. Los misterios reflejan verdades profundas que la mente humana no puede sondear excepto a través de metáforas.

Las personas de fe saben que algo sucede cuando entramos en el espacio de Dios en oración.

ORACIÓN. *San José, ayúdanos a vivir los misterios del Santo Rosario.*

LOS cielos y la tierra tiemblan, pero el Señor es refugio para su pueblo.
—Joel 4:16

OCT. 8

Es el día del Señor

REFLEXIÓN. Los desastres naturales podrían desafiar nuestra capacidad de comprender su fuerza.

Los terroristas pueden poner a prueba nuestra fe hasta el punto de la desesperación, pero la vida en Dios no será derrotada ni siquiera frente a la muerte porque la muerte no es el final.

ORACIÓN. *San José, ayúdame a ver mi vida como un camino hacia mi destino eterno.*

MARTA, estás ansiosa y molesta por muchas cosas, cuando sólo una cosa es necesaria. María ha elegido la mejor parte. —Lc 10:41

OCT. 9

Vivir en Gracia es una vida centrada en Dios

REFLEXIÓN. Dios nos habla más fuerte en lo más profundo de nuestro corazón. Pero las presiones diarias pueden dificultar escuchar la voz de Dios.

Necesitamos orar diariamente para mantenernos centrados.

ORACIÓN. *San José, ayúdanos a permanecer centrados en cuerpo, mente y espíritu.*

CUANDO ores, di: "Padre, santificado sea tu nombre, venga tu Reino". —Lc 11:2

OCT. 10

¿A mi manera o a la manera de Dios?

REFLEXIÓN. A veces oramos como si tuviéramos que negociar con Dios.

La oración eficaz es la sintonización de nuestras mentes y corazones con Dios, y si sigo la voluntad de Dios, obtendré todo lo que necesito no sólo para sobrevivir sino para florecer.

ORACIÓN. *San José, ayúdanos a someternos a la voluntad de Dios para que todo se cumpla en gracia.*

BIENAVENTURADOS los que esperan en el Señor. —Sal 40:5a

OCT. 11

Permanezcan firmes en la fe

REFLEXIÓN. La gracia junto con nuestro esfuerzo humano hace una combinación perfecta. Aquellos que temen a Dios con asombro verán la mano de Dios en todo y escucharán la voz de Dios en el centro de su ser en todo momento.

Nuestra perseverancia combina bien con la fidelidad de Dios.

ORACIÓN. *San José, ayúdanos a vivir hoy en la conciencia de la presencia.*

NO TIENES excusa, seas quien seas, cuando juzgas a otros. —Rm 2:1

OCT. 12

Sólo Dios puede juzgar sin prejuicios

REFLEXIÓN. El juicio de Dios finalmente prevalecerá sobre el juicio humano.

Sólo en Dios descansa mi alma; de Él viene mi salvación" (Sal 62,2), o en palabras de San Agustín, "Nuestras almas no descansarán hasta que descansen en ti, oh Señor".

ORACIÓN. *San José, sé mi guía en la mente, el corazón y la conciencia.*

PORQUE nadie puede ser considerado justificado ante los ojos de Dios por guardar la Ley. —Rm 3:20

OCT. 13

¡Abróchate el cinturón! ¡Es la ley!

REFLEXIÓN. No nos "abrochamos el cinturón" porque es la ley. Lo hacemos porque es una cuestión de seguridad. ¡Podría salvarnos la vida!

Quienes viven en Cristo no tienen que preocuparse por las leyes de la Iglesia porque son muy por delante de la ley.

ORACIÓN. *San José, mantenme fiel al espíritu de las leyes de Dios, de la Iglesia y del Estado en todo lo que atañe al amor divino.*

PORQUE, así como Jonás fue una señal para los habitantes de Nínive, así lo será el Hijo del Hombre para esta generación. —Lc 11:30

OCT. 14

No busques lo espectacular

REFLEXIÓN. Las señales del cuidado providente de Dios no se encuentran necesariamente en lo espectacular sino en lo ordinario.

La señal de Jonás no fue que fuera arrojado por una ballena, sino que Dios usó a este profeta común y corriente para efectuar la conversión de los ninivitas.

ORACIÓN. *San José, ayúdanos a estar alerta a los profetas de la verdad que nos llaman a la integridad.*

SABEMOS que Dios hace que todas las cosas ayuden a bien para aquellos que lo aman. —Rm 8:28

OCT. 15

"Todo estará bien, pero mientras tanto"...

REFLEXIÓN. Santa Teresa de Ávila experimentó problemas de salud, lo suficientemente graves como para interrumpir su vida como monja carmelita.

A menudo sucede que cuando estamos en el punto más bajo de un desafío particular, recibimos la energía para lograr grandes cosas.

ORACIÓN. *San José, ayúdanos a tener confianza en la presencia de Dios cuando la vida se vuelve difícil.*

DESDE la creación del mundo, los atributos invisibles del poder eterno de Dios se han entendido claramente. —Rm 1:20

OCT. 16

¿Fe, razón o ambas?

REFLEXIÓN. ¡Ambos, por supuesto! Hay un ritmo en la naturaleza y una ley que Dios ha implantado en nuestros corazones.

Pablo también habla del gobierno de la justicia: vivir en armonía con la ley de Dios es vivir en verdad, justicia y amor.

ORACIÓN. *San José, ayúdanos a abrazar la ley del amor de Dios implantada en nuestros corazones.*

¡AY DE vosotros, fariseos! Pagáis diezmos de menta y de ruda, pero descuidáis la justicia y el amor de Dios. —Lc 11:42

OCT. 17

¿Hacer lo que digo, no lo que hago?

REFLEXIÓN. Estaba molesto con el conductor detrás de mí que me seguía porque conducía demasiado lento para él. Un día después encontré yo mismo me seguía de cerca porque tenía prisa.

A veces podemos ser más exigentes con los demás que con nosotros mismos.

ORACIÓN. *San José, ayúdame a vivir según las normas que impongo a los demás.*

EL SEÑOR nombró a otros setenta y dos y los envió delante de Él en parejas. —Lc 10:1

OCT. 18

No seas un llanero solitario

REFLEXIÓN. Jesús fue un gran colaborador. Sabía que las Buenas Nuevas del Reino de Dios no podrían predicarse sin la ayuda de su círculo de amigos.

Estaban lejos de ser perfectos, pero el Espíritu suplió sus deficiencias. Jesús hace lo mismo por nosotros.

ORACIÓN. *San José, ayúdanos a ser colaboradores de Jesús en palabra y obra.*

A QUIEN mucho se le ha dado, se le exigirá mucho. —Lc 12:48

OCT. 19

Somos mayordomos de la Palabra de Dios

REFLEXIÓN. Considere los "testigos" de su vida, pasados y presentes, que han sido fieles siervos de la palabra de Dios día tras día.

Aplicaron sus manos y corazones a sus responsabilidades diarias con integridad. Esto es lo que significa ser un mayordomo fiel.

ORACIÓN. *San José, te pedimos que seas fiel con alegría a nuestro llamado bautismal.*

HE VENIDO a esparcir fuego sobre la tierra, y cómo quisiera que ya estuviera ardiendo. —Lc 12:49

OCT. 20

Siempre estamos en proceso de conversión

REFLEXIÓN. La conversión es un proceso continúo arraigado en el poder del Espíritu Santo.

Tiene que ver con la entrega de nuestra voluntad y la disposición a reconocer la presencia de Dios en nuestras obligaciones diarias, especialmente en las más desafiantes.

ORACIÓN. *San José, ayúdanos a ver la mano de Dios en nuestra agenda diaria.*

USTEDES ya no son extraños ni extranjeros. Más bien sois conciudadanos de los santos y miembros de la familia de Dios. —Ef 2:19

OCT. 21

Que haya paz en la tierra

REFLEXIÓN. Creo que participamos en un proceso evolutivo hacia el orden y la armonía, pero no sucederá queramos o no sin nuestra entrega a Dios maravilloso que sostiene el camino evolutivo del universo.

Ningún esfuerzo es demasiado grande o demasiado insignificante en el plan de Dios.

ORACIÓN. *San José, ayúdame a ser instrumento de paz en palabras y obras.*

NO HAY condenación para los que están en Cristo Jesús. —Rm 8:1

OCT. 22

Somos un trabajo en proceso

REFLEXIÓN. Algunas personas hacen una distinción entre ser religioso y ser espiritual. Jesús no tenía la intención de destruir el judaísmo como institución sino de reformar la práctica religiosa.

La verdadera espiritualidad conduce a una transformación personal interior que a su vez purifica las instituciones y la práctica religiosa.

ORACIÓN. *San José, quiero ser transformado en mente y corazón por el amor divino.*

BIENAVENTURADOS aquellos siervos a quienes el Señor encuentra despiertos cuando llega. —Lc 12:37

OCT. 23

Cada día es un día de visita

REFLEXIÓN. ¿Cómo sería mi día si supiera que la persona que más admiro está planeando una visita a mi casa?

Haga que el día sea agradable para tantas personas como pueda, incluso si no se presentan en su puerta.

ORACIÓN. *San José, ayúdame a vivir cada día anticipando la llegada de Jesús.*

DIOS... nos ha empoderado para ser ministros de un nuevo pacto, no escrito sino del Espíritu. Porque la letra mata, pero el Espíritu vivifica. —2 Cor 3:6

OCT. 24

El Espíritu se da para el bien común

REFLEXIÓN. La verdadera religión no es opresiva. El extremismo religioso condujo a las cruzadas. El fundamentalismo y el legalismo son formas de extremismo que conducen al fanatismo.

El equilibrio lo es todo.

ORACIÓN. *San José, ayúdame a mantener el equilibrio en mis prácticas devocionales.*

A LA hora señalada volveré a vosotros.
—Gn 18:14

OCT. 25

Nunca hay suficiente tiempo

REFLEXIÓN. Algunas personas hacen una lista de las tareas que quieren realizar cada día. Hay mucho que lograr antes de que se nos acabe el tiempo.

También es cierto que podemos intentar demasiado en un período de tiempo demasiado corto. En palabras del sabio, menos, es más.

ORACIÓN. *San José, ayúdanos a distribuir nuestro tiempo sabiamente hoy.*

PORQUE no hago el bien que deseo; más bien, es el mal que no deseo el que termino haciendo.
—Rm 7:19

OCT. 26

Es un desconcierto

REFLEXIÓN. Las palabras de Santa Teresa de Ávila pueden ayudar: “Nada te turbe; que nada te asuste; todas las cosas pasan. Dios nunca cambia. La paciencia lo consigue todo. Nada les falta a quienes poseen a Dios. Sólo Dios basta”.

ORACIÓN. *San José, ayúdanos a ser pacientes en todo momento.*

PORQUE Cristo es el cumplimiento de la Ley para la justificación de todo aquel que cree. —Rm 10:4

OCT. 27

El amor de Jesús es inclusivo

REFLEXIÓN. Las Escrituras brindan una visión de cómo puede ser la vida en el dominio de Dios.

Nos desafían con una motivación más elevada para ir más allá de nuestros prejuicios y llegar a la mente y al corazón de Cristo, quien lo dio todo para llegar a ser todo para todos.

ORACIÓN. *San José, ayúdanos a aceptar a los demás como Cristo aceptó a toda la humanidad.*

ESTOY hablando la verdad en Cristo; mi conciencia da testimonio de mí a través del Espíritu Santo. —Rm 9:1

OCT. 28

La verdad es libertad

REFLEXIÓN. Jesús fue la personificación de la verdad eterna por la que luchamos. Vivir la verdad es más que decir la verdad.

Como cristianos, luchamos por la transparencia que hubo en Cristo, quien dijo: "Quien me ha visto a mí, ha visto al Padre" (Jn 14,9).

ORACIÓN. *San José, que otros vean en nosotros la belleza de Cristo.*

PORQUE todo el que se enaltece será humillado, y el que se humilla será enaltecido. —Lc 14:11

OCT. 29

No seas fanfarrón

REFLEXIÓN. Al fin y al cabo, Dios está en el centro de quiénes somos y de lo que logramos en la vida y ningún esfuerzo es demasiado pequeño o demasiado grande en lo que a Dios concierne.

A menudo es la persona tranquila que no espera ningún reconocimiento por su contribución la que al final es profundamente apreciada y recompensada.

ORACIÓN. *San José, ayúdanos a luchar por la grandeza, pero a aceptar nuestras limitaciones.*

EN TODAS las circunstancias, sostén en tu mano el escudo de la fe. —Ef 6:16

OCT. 30

Ponte la armadura de Dios

REFLEXIÓN. Pablo deja claro que sólo cuando estamos unidos con el Espíritu podemos encontrar la manera correcta de enfrentar el mal.

Porque el Espíritu nos enseña a orar y nos da la sabiduría y el coraje para enfrentar el mal con un amor arraigado en la fe.

ORACIÓN. *San José, sé nuestro guía y protector contra las fuerzas del mal que luchan contra el espíritu.*

SEÑOR, ¿se salvarán sólo unos pocos?

—Lc 13:23

OCT.

31

¿Eres salvo?

REFLEXIÓN. No es presuntuoso "confesar" que somos salvos. Es nuestro deseo vivir en gracia y en el reconocimiento de que la gracia de Dios es suficiente.

Solíamos llamar a eso "gracia actual", la gracia que nos mueve a hablar y actuar en el poder del Espíritu.

ORACIÓN. *San José, ayúdame a responder al llamado a vivir en gracia todos los días de mi vida.*

¿**Q**UIÉNES son estas personas, todas vestidas de blanco, y de dónde han venido?

—Ap 7:13

NOV.

1

Nuestros antepasados en la fe

REFLEXIÓN. Las personas "vestidas de blanco" son las inolvidables personas que fueron y siguen siendo conductos genuinos de la gracia de Dios.

Son numerosos para contarlos y aunque tal vez nunca sean canonizados oficialmente, estamos seguros de que están entre los "elegidos" abrazados por Dios en la eternidad.

ORACIÓN. *San José, ayúdanos a honrar a los santos con nuestra propia fidelidad.*

Y ESTA es la voluntad de Aquel que me envió: que no pierda nada de todo lo que Él me ha dado. —Jn 6:39

NOV. 2

Mantengámonos en contacto

REFLEXIÓN. Manténgase en contacto hoy con todos sus seres queridos, incluso aquellos que no siempre vieron las cosas a su manera.

Encomendémoslos al Dios amoroso que los amó al existir y que creemos que los ha amado ahora hasta la eternidad.

ORACIÓN. *San José, encomendamos a nuestros seres queridos a Dios a través de tu intersección.*

SI VIVIMOS, vivimos para el Señor, y si morimos, morimos para el Señor. —Rm 14:8

NOV. 3

El fin está siempre a la vista

REFLEXIÓN. Siempre que celebro el hermoso sacramento de la Unción de los enfermos, recuerdo que, en efecto, el fin está a la vista no sólo para aquellos que están muy enfermos o incluso moribundos, sino también para todos los vivos.

"Por tanto, ya sea que vivamos o muramos, somos del Señor".

ORACIÓN. *San José, oramos por la gracia de una muerte feliz.*

PORQUE los hijos de este mundo son más astutos en el trato con sus semejantes que los hijos de la luz. —Lc 16:8

NOV. 4

Sea un administrador fiel

REFLEXIÓN. Jesús elogió al administrador injusto no por su deshonestidad, sino por ser tan inteligente y emprendedor en su capacidad de proveer para sí mismo.

Por otro lado, un administrador fiel está tan atento al bienestar de los demás como al suyo propio.

ORACIÓN. *San José, ayúdanos a estar siempre atentos de nuestro prójimo.*

ESTOY presente... mientras os preocupáis por vuestra salvación con temor y temblor. —Fil 2:12

NOV. 5

Mantente concentrado

REFLEXIÓN. Parafrasearía la exhortación de Pablo con estas palabras: "Trabajad por vuestra salvación con entusiasmo, esperando lo que pueda suceder cuando os concentráis en algo bueno".

Es algo así como tener nerviosismo antes de un partido.

ORACIÓN. *San José, ayúdanos a vivir nuestra vocación cristiana con entusiasmo.*

NO ACTUÉIS por ambición egoísta o vanidad. —Fil 2:3

NOV. 6

Sé colaborador

REFLEXIÓN. La competitividad excesiva, incluso en los deportes, conduce a la derrota en lugar de la victoria.

Los verdaderos colaboradores se convierten en testigos más creíbles del amor indiscriminado de Jesús.

ORACIÓN. *San José, oramos para desarrollar un espíritu de cooperación en la vida del Evangelio.*

ÉL SE humilló a sí mismo y se hizo obediente hasta la muerte, y muerte de cruz. —Fil 2:8

NOV. 7

Dios quiere nuestra fidelidad, no nuestra muerte

REFLEXIÓN. Ser "obedientes hasta la muerte" no significa que Dios haya querido la muerte de Jesús.

Ser obediente es "escuchar" el latido del corazón de Dios hasta que se convierta en nuestro latido, hasta que el aliento de Dios se convierta en nuestro aliento. Jesús era el latido viviente del corazón de Dios.

ORACIÓN. *San José, ayúdanos a vivir fielmente sin importar el costo.*

YO YA no vivo, pero Cristo en mí.

—Gal 2:20

NOV.
8

Vivir en Cristo es pensar con Cristo

REFLEXIÓN. Si nos convertimos en el pan sagrado que consumimos en la Eucaristía y si la preciosa sangre que corre por nuestras venas consume nuestras almas, ¿cómo no podríamos convertirnos en el Cuerpo de Cristo?

¿Cómo no podemos tener la mente de Cristo?

ORACIÓN. *San José, ayúdame a vivir consciente de la presencia de Cristo en mí.*

¿NO TE das cuenta de que eres templo de Dios y que el Espíritu de Dios habita en ti?

—1 Cor 3:16

NOV.
9

El Espíritu de Dios en nuestro interior nos impulsa al servicio

REFLEXIÓN. Aunque era muy contemplativo fue la conciencia de la presencia divina en su interior lo que llevó a Thomas Merton a reconocer la presencia divina en todas las criaturas vivientes.

Por esta razón, los cristianos que oración nunca pueden estar absueltos de las obras de justicia y caridad.

ORACIÓN. *San José, te pedimos que nuestra Iglesia refleje siempre la bondad y la gracia de Dios en todos sus miembros.*

SI TU hermano peca, repréndelo; y si se arrepiente, perdónalo. —Lc 17:3

NOV. 10

El perdón es un proceso

REFLEXIÓN. Existe un delicado equilibrio entre el juicio precipitado y la justa reprimenda a otra persona.

De hecho, hay ocasiones en las que la justicia y la integridad exigen nuestra intervención, pero el perdón es siempre el objetivo.

ORACIÓN. *San José, danos el coraje de desafiar las malas acciones con la mirada puesta en el perdón.*

PORQUE de la grandeza y la belleza de las cosas creadas se ve, por analogía, a su autor original. —Sab 13:5

NOV. 11

La creación es un himno a Dios

REFLEXIÓN. No importa la estación o lo inclemente que sea el clima, cada estación tiene su fragancia única.

"Señor, tú eres verdaderamente santo, y todo lo que has creado te alaba con justicia; porque por medio de tu Hijo, nuestro Señor Jesucristo, con el poder y la acción del Espíritu Santo, das vida a todas las cosas y las haces santas" (Plegaria Eucarística III).

ORACIÓN. *San José, ayúdanos a ver el rostro de Dios en toda la creación.*

COMO esta viuda me sigue molestando, me encargaré de que se le haga justicia.
—Lc 18:5

NOV. 12

Pero no te conviertas en una molestia

REFLEXIÓN. La perseverancia en la oración significa que con el tiempo nos ponemos en sintonía con la mente y el corazón de Dios.

Buscamos en la oración "el coraje para cambiar las cosas que podemos cambiar, la gracia para aceptar las cosas que no podemos cambiar y la sabiduría para reconocer la diferencia".

ORACIÓN. *San José, ayúdanos a someternos en la oración a la mente y el corazón de Dios.*

CUANDO hayas hecho todo lo que se te pidió que hicieras, di: "Somos siervos inútiles".
—Lc 17:10

NOV. 13

En realidad, no es una forma de menospreciar

REFLEXIÓN. Aquellos que obtienen una remuneración justa de su trabajo también pueden estar motivados por la voluntad de contribuir al bien común.

Ningún esfuerzo es demasiado pequeño o demasiado grande para marcar una diferencia en el dominio de Dios.

ORACIÓN. *San José, ayúdanos a amar sin contar el costo.*

¿NADIE, excepto este extranjero, ha vuelto a dar gracias a Dios? —Lc 17:18

NOV. 14

Las personas sanas son personas agradecidas

REFLEXIÓN. Una actitud de gratitud contribuye mucho a que nos sintamos mejor con nosotros mismos y, por supuesto, la gratitud es contagiosa.

Por lo tanto, las personas sanas son personas agradecidas y las personas agradecidas son personas felices.

ORACIÓN. *San José, enseñanos a tener una actitud de gratitud.*

LA VENIDA del reino de Dios no ocurrirá con señales que se puedan observar. —Lc 17:20

NOV. 15

Lo que cuenta es lo que está dentro

REFLEXIÓN. Si somos uno con Dios en nuestros corazones, entonces no hay manera de que esto se pueda ocultar.

Y cuando un grupo de creyentes, familia, grupo de fe o comunidad de la iglesia, hace del amor de Dios una prioridad, es inevitable que tenga un efecto en la comunidad en general.

ORACIÓN. *San José, ayúdanos a apreciar el reino de Dios que viene a la vida dentro de nosotros.*

RECIBE tu vista. Tu fe te ha curado.
—Lc 18:42

NOV. 16

Es más una cuestión de comprensión que de vista

REFLEXIÓN. El ciego reconoció el poder de Jesús antes de que le devolvieran la vista. Aquellos que podían ver a Jesús con sus ojos físicos no lo reconocieron.

La fe no se trata de ver sino de creer lo que el ojo no puede ver. Se trata de comprender realidades ocultas.

ORACIÓN. *San José, ayúdanos a ver más claramente con los ojos de la fe.*

SI TAN solo hubieras reconocido en este día lo que te traería paz.
—Lc 19:42

NOV. 17

Es difícil encontrar la paz

REFLEXIÓN. Una cosa es orar por la paz y otra es traer la paz.

Cuando realmente creemos y experimentamos el amor incondicional de Dios por nosotros, es posible transferirlo a los demás. Comienza hoy a reconocer el amor de Dios y la paz de Dios te seguirá dondequiera que vayas.

ORACIÓN. *San José, ayúdanos a ser portadores de la paz de Dios en nuestros hogares y lugares de trabajo.*

ESTÁ escrito: "Mi casa será una casa de oración".

—Lc 19:46

NOV. 18

Mantén sagrado el espacio sagrado

REFLEXIÓN. Es bueno sentirse cómodo en la iglesia, pero también debemos ser conscientes de que el espacio reservado para el culto debe ser considerado sagrado.

Aunque el edificio es sólo un símbolo de fe, debe inspirar reverencia y movernos a adorar en espíritu y en verdad.

ORACIÓN. *San José, ayúdanos a dar la debida reverencia al santuario donde Jesús habita en Palabra y Sacramento.*

BIENAVENTURADOS los que mueren en el Señor, porque sus obras van con ellos.

—Ap 14:13

NOV. 19

Es bueno honrar a los muertos

REFLEXIÓN. Aunque sabemos que no hay tiempo en la eternidad, sin embargo, confiamos a Dios a nuestros seres queridos que se han ido antes que nosotros "marcados con el signo de la fe" con la esperanza de que nos ayuden en nuestras horas finales.

ORACIÓN. *San José, oramos por aquellos que están cerca de la muerte para que mueran en los brazos de Dios.*

JESÚS miró hacia arriba y le dijo: "Zaqueo, date prisa y baja, porque es necesario que me quede en tu casa hoy". —Lc 19:5

NOV. 20

Hay bondad en todos

REFLEXIÓN. La historia de Zaqueo es en realidad una alegoría sobre ti, yo y Jesús. Jesús tenía una manera de sacar lo mejor del pecador.

Hay bondad en todos. ¡Mi abuela lo decía!

ORACIÓN. *San José, ayúdanos a mirar más allá de las faltas de los demás para encontrar la esencia de la bondad.*

HE AQUÍ mi madre y mis hermanos. El que hace la voluntad de Dios es mi hermano, hermana y madre. —Mc 3:34

NOV. 21

Todos respiramos el mismo aire

REFLEXIÓN. Jesús está usando una hipérbole en su respuesta al anuncio de que su madre y sus hermanos habían llegado.

Es bueno para nosotros saber que, si hubiéramos estado entre la multitud, Jesús nos habría señalado como sus hermanos y hermanas. Todavía lo hace.

ORACIÓN. *San José, mantennos a salvo en la familia de Dios.*

TE DESPOSARÉ conmigo para siempre: te desposaré en fidelidad. —Os 2:21-22

NOV. 22

El amor de Dios es para siempre

REFLEXIÓN. El amor del esposo y la esposa es precioso a los ojos de Dios y es un símbolo del amor inagotable de Dios por toda la humanidad.

El amor verdadero es dador de vida no sólo hacia los hijos nacidos de un matrimonio fructífero, sino también hacia la familia de la humanidad.

ORACIÓN. *San José, protege a los que están unidos en matrimonio.*

TE DARÉ una sabiduría profunda que ninguno de tus adversarios podrá resistir. —Lc 21:15

NOV. 23

¡No te preocupes!

REFLEXIÓN. La búsqueda de la integridad es exigente y no está exenta de oponentes. Los discípulos fieles no necesitan sucumbir al miedo.

La fe nos da poder para confiar en los dones del Espíritu Santo que se nos dan en el Bautismo y se renuevan en la Confirmación.

ORACIÓN. *San José, oramos para que podamos tener confianza en la abundante gracia de Dios.*

HE AQUÍ que estoy a la puerta y llamo.
—Ap 3:20

NOV. 24

Abre la puerta

REFLEXIÓN. En el famoso retrato de Jesús llamando a la puerta, el pomo está en el interior, donde sólo tú y yo podemos abrir la puerta de nuestros corazones.

Jesús es el sabueso hambriento del cielo que busca cada oportunidad para que lo recibamos con los brazos abiertos.

ORACIÓN. *San José, mantennos atentos al llamado de Jesús a habitar en nuestros corazones.*

ÉL ME respondió: "Mi gracia es suficiente para ti pues mi fuerza se realiza en la debilidad".
—2 Cor 12:9

NOV. 25

El regalo que cuenta

REFLEXIÓN. Es útil recordar que la gracia de Dios siempre es suficiente. Pablo se jactó de su debilidad solo para que el poder de la gracia de Dios pudiera revelarse en él.

En verdad, nadamos en el mar de la abundante gracia de Dios.

ORACIÓN. *San José, ayúdanos a reconocer que nuestra fuerza reside en el poder de la gracia divina tan libremente otorgada.*

NO SE turbe vuestro corazón. —Jn 14:1

NOV. 26

Pasar del miedo a la fe

REFLEXIÓN. Qué consolador es para un niño oír a una madre o a un padre decir: "No tengáis miedo. Yo estoy aquí y estaréis a salvo".

Jesús es la garantía de que la promesa de Dios se cumplirá. Él no nos dejará huérfanos, no importa cuál sea nuestra falta o nuestro fracaso.

ORACIÓN. *San José, ayúdanos a vivir cada día con fe confiada en la presencia permanente de Dios.*

RECORDARÉ los favores del Señor, las gloriosas obras del Señor, por todo lo que ha hecho por nosotros. —Is 63:7

NOV. 27

Gratitud: una cura para la tristeza

REFLEXIÓN. A menudo sucede que las personas muy poco actúan como si tuvieran mucho por lo que estar agradecidas.

Cuando buscamos bendiciones, están por todas partes a nuestro alrededor y las mayores bendiciones no cuestan mucho.

ORACIÓN. *San José, ayúdanos a celebrar este día con corazones agradecidos.*

DE REPENTE, frente al candelabro, aparecieron los dedos de una mano humana escribiendo sobre el yeso de la pared.

—Dan 5:5

NOV. 28

La escritura está en la pared

REFLEXIÓN. A medida que el mundo se hace más pequeño y aumenta la posibilidad de una conflagración global, se hace cada vez más claro que las poblaciones de base en cada nación comparten una cosa en común.

Están cansadas de la violencia y la guerra y quieren que nuestros líderes le den una oportunidad a la paz.

ORACIÓN. *San José, oramos para que los líderes mundiales escuchen nuestro llamado a la paz.*

ENTONCES el Ángel me mostró el río de agua de vida, brillante como el cristal, que fluía del trono de Dios. **—Ap 22:1**

NOV. 29

Nuestro regreso a la bendición original

REFLEXIÓN. Estamos destinados a regresar a nuestra bendición original, al jardín donde el árbol de la vida florece cada mes, dando fruto que trae sanación a todas las naciones.

"Donde abundó el pecado, sobreabundó la gracia de Dios"(Rm 5:20).

ORACIÓN. *San José, oramos para que podamos tener confianza en que todo estará bien.*

¡QUÉ hermosos son los pies de los que anuncian la Buena Noticia! —Is 52:7

NOV. 30

Somos un pueblo en movimiento

REFLEXIÓN. Ser un "cristiano en movimiento" exige nuestra voluntad de escuchar y adaptarnos a los tiempos cambiantes.

Este fue el éxito del cristianismo en el pasado y es la promesa del éxito en el futuro. El Espíritu sopla donde quiere.

ORACIÓN. *San José, que seamos heraldos de la Buena Noticia en cada desafío.*

ENTONCES Jesús les tocó los ojos y les dijo: "Hágase en vosotros según vuestra fe". —Mt 9:29

DIC. 1

La fe es una forma de ver

REFLEXIÓN. Los dos ciegos conocieron a Jesús y supieron que Él era el Cristo. Los propios discípulos de Jesús disfrutaban de la vista física, pero su ceguera espiritual les impedía ver.

Ver es creer, pero creer es una mejor manera de ver.

ORACIÓN. *San José, ayúdanos a ver más claramente con los ojos de la fe.*

Y DE las tinieblas y la oscuridad, los ojos de los ciegos verán. —Is 29:18

DIC. 2

¿Hasta dónde nos puede llevar la fe?

REFLEXIÓN. La fe es fundamental para la vida cristiana. Pero no basta con decir: “Creo”.

Necesitamos pasar de la proclamación a la oración y luego a la acción, es decir, formas concretas de vivir lo que creemos y proclamamos.

ORACIÓN. *San José, que nuestras vidas sean testimonios vivos de fe.*

EL RENUEVO del Señor será hermoso y glorioso, y el fruto de la tierra será honor y esplendor. —Is 4:2

DIC. 3

Lo mejor está por venir

REFLEXIÓN. En ningún otro momento del ciclo litúrgico tiene más significado la expresión “la gracia de la temporada” que en Adviento.

A pesar de la prisa por ir a los centros comerciales y la ansiedad que acompaña a la preparación secular de la Navidad, hay un espíritu de esperanza de que con el tiempo “todo estará bien”.

ORACIÓN. *San José, ayúdanos a caminar por el camino de la vida hacia la vida eterna.*

ENTONCES el lobo será el huésped del cordero. El becerro y el cachorro de león pastarán juntos. —Is 11:6

DIC. 4

Sed tenaces en la esperanza

REFLEXIÓN. La perseverancia está motivada por la esperanza del éxito. Pero también está vinculada a una visión de la vida con la profunda convicción de que no hay ningún sueño imposible: todo sueño puede hacerse realidad si la fe de uno es lo suficientemente fuerte.

"Porque en esperanza fuimos salvados" (Rm 8:24).

ORACIÓN. *San José, ayúdanos a ser apóstoles de sanación y reconciliación.*

EN ESTE monte el Señor de los ejércitos preparará para todos los pueblos un banquete de manjares suculentos y vinos selectos. —Is 25:6

DIC. 5

Hay suficiente para todos

REFLEXIÓN. El Adviento es un tiempo para identificar nuestra hambre e ir al lugar adecuado para satisfacerla.

Sugiero que el lugar adecuado es la Palabra de Dios y la Mesa de la Eucaristía. Pocos de nosotros tenemos hambre física, pero tenemos muchas hambres espirituales.

ORACIÓN. *San José, oramos para que nuestras hambres sean satisfechas por la Palabra Viva y el Pan de Vida.*

TODO aquel que escuche estas palabras y actúe de acuerdo con ellas será como un hombre sabio que construyó su casa sobre un cimiento de roca. —Mt 7:24

DIC. 6

Permanezcamos firmes sobre una roca

REFLEXIÓN. El Adviento es también un tiempo para construir un sólido cimiento espiritual para el año que comienza.

La fe es un cimiento seguro que debe nutrirse a diario. Requiere una dieta diaria de oración, lectura espiritual y buenas obras.

ORACIÓN. *San José, ayúdanos a vivir nuestra fe con corazones alegres.*

HA DERRIBADO a los poderosos de sus tronos y ha exaltado a los humildes. —Lc 1:52

DIC. 7

Confiar es confiar

REFLEXIÓN. Jesús era intolerante a la arrogancia de los emperadores y de los sumos sacerdotes. Su confianza estaba en la "voluntad del Padre".

De hecho, es mucho mejor refugiarse en el Señor, es decir, confiarse a Jesús en quien vivimos, nos movemos y existimos.

ORACIÓN. *San José, te pedimos que seamos considerados dignos de confianza en todos nuestros tratos con los demás.*

MI ESPÍRITU se regocija en Dios mi Salvador. —Lc 1:47

DIC. 8

Ella era preciosa a los ojos de Dios

REFLEXIÓN. Mujer envuelta en sabiduría, María, alma transparente llena de gracia, esperando en la oscuridad de la noche para dar a luz al Hijo de la luz en quien no hay oscuridad, ni este ni oeste. Dios encarnado, el Cristo, el mismo ayer, hoy y siempre.

ORACIÓN. *San José, ayúdanos a dar a luz a Cristo en un mundo de oscuridad.*

YA NO se esconderá más tu Maestro, sino que con tus propios ojos verás a tu Maestro. —Is 30:20

DIC. 9

¿Quiénes son tus maestros?

REFLEXIÓN. Los verdaderos maestros son los hombres y mujeres que te alimentan con la Buena Nueva de Jesucristo. Son tus mentores que sacan lo mejor de ti.

Te desafían, pero nunca te molestan; hablan por los hambrientos. Hacen justicia, pero actúan con misericordia y compasión.

ORACIÓN. *San José, bendice a todos los que nos guían en el camino del Señor.*

LA SABIDURÍA se demuestra correcta por sus acciones. —Mt 11:19

DIC. 10

El tiempo lo dirá

REFLEXIÓN. El Adviento es un "tiempo de barbecho" durante el cual se nos invita a buscar la sabiduría de Dios frente a la locura: la locura del pecado en nuestra vida personal, la locura de la hipocresía en la Iglesia y la locura de la guerra en nuestra nación.

ORACIÓN. *San José, ayúdanos a buscar la sabiduría de Dios en todas nuestras actividades.*

DI A los pusilánimes: "¡Sed fuertes! No tengan miedo, porque aquí está su Dios... Él viene a salvarlos." —Is 35:4

DIC. 11

Donde hay vida, hay esperanza

REFLEXIÓN. El oncólogo que atendió a mi madre durante sus últimos meses creía que nunca debemos quitarle la esperanza a los moribundos.

No estaba sugiriendo que nos comprometiéramos a negar la muerte inminente, sino que miráramos más allá del presente, hacia la plenitud de la vida más allá de la tumba.

ORACIÓN. *San José, pedimos la bendición de Dios para quienes cuidan a los enfermos terminales.*

ELÍAS ya vino, y no lo reconocieron... De la misma manera, el Hijo del Hombre sufrirá en manos de ellos. —Mt 17:12

DIC. 12

También nos estamos preparando para la Pascua

REFLEXIÓN. Las selecciones bíblicas para el Adviento también nos recuerdan que Jesús viviría a la sombra de la Cruz.

Nos estamos preparando para dar la bienvenida al Cristo de Belén, que es también el Cristo del Calvario.

ORACIÓN. *San José, ayúdanos a aceptar a Cristo en su totalidad, que vivió, murió y resucitó para que tengamos vida eterna.*

EL SEÑOR mantiene la fe para siempre. —Sal 146:6

DIC. 13

La verdadera religión toca el alma

REFLEXIÓN. Mantener la fe es uno de los mayores desafíos de nuestro tiempo porque hay muchas razones para no mantener la fe.

La desilusión con personas de confianza, incluso dentro de las instituciones religiosas, puede sacudir los cimientos de nuestra fe, pero Dios habla más fuerte en lo más profundo de nuestro ser.

ORACIÓN. *San José, ayúdanos a mantener la fe en medio de la confusión.*

¿QUÉ saliste a ver al desierto? —Lc 7:24

DIC. 14

Tenemos nuestras imágenes favoritas de Jesús

REFLEXIÓN. Hace muchos años, el libro titulado *Good Ole Plastic Jesus* describía una variedad de imágenes devocionales populares de Jesús, muchas de ellas que bordean la superstición.

Es bueno personalizar nuestra imagen de Jesús siempre y cuando no lo convirtamos en un osito de peluche.

ORACIÓN. *San José, ayúdanos a aceptar al Jesús de los Evangelios sin mancha ni distorsión.*

AUNQUE las montañas se tambaleen y las colinas se tambaleen, mi amor nunca te dejará. —Is 54:10

DIC. 15

No te preocupes, se puede arreglar

REFLEXIÓN. Las personas buenas cometen errores y cuando lo hacen, piden perdón y siguen intentando hacer lo mejor que pueden.

Este consejo funciona para los niños y también para los adultos. Dios se encargará del resto.

ORACIÓN. *San José, ayúdanos a confesar nuestras faltas con sinceridad, sin miedo a las represalias y con confianza en Dios.*

ASÍ DICE el Señor: Practicad la justicia y practicad el derecho, porque mi salvación está cerca y mi justicia está a punto de manifestarse. —Is 56:1

DIC. 16

¡Escuchad esto!

REFLEXIÓN. Ante la necesidad de reforma, Isaías exigió la atención de los israelitas llamándolos a la integridad, es decir, a hacer lo correcto y justo y a poner a Dios de nuevo en el centro de sus vidas.

Las palabras de Isaías siguen siendo válidas para los discípulos de Cristo.

ORACIÓN. *San José, ayúdanos a conformar nuestra vida al ejemplo de Jesús.*

EL DESIERTO y la tierra reseca se regocijarán... El desierto se alegrará y florecerá. —Is 35:1-2

DIC. 17

Use las palabras sólo cuando sea necesario

REFLEXIÓN. "Jesús es la razón de la temporada", pero no tenemos que obligar a nadie a que acepte a Jesús. Simplemente vístase de la persona de Jesús y otros tomarán nota, y el Evangelio será proclamado.

No es sólo lo que decimos y hacemos lo que importa, sino cómo lo decimos y lo hacemos.

ORACIÓN. *San José, ayúdanos a ser testigos de esperanza en un mundo atribulado.*

ENTONCES el ángel le dijo: "No temas, María, porque has hallado gracia ante Dios. Mira, concebirás en tu seno y darás a luz un hijo, y lo llamarás Jesús".

—Lc 1:30-31

DIC. 18

Todavía suceden cosas extraordinarias

REFLEXIÓN. Si la Palabra de Dios en los labios de un ángel puede obrar maravillas, también lo pueden hacer las palabras de aliento en los labios de un cristiano dirigidas a un amigo o compañero de trabajo.

El Adviento es el tiempo para que las "personas de la Buena Nueva" saquen lo mejor de los demás.

ORACIÓN. *San José, ayúdanos a mantener una actitud positiva en todas nuestras relaciones.*

UN ÁNGEL del Señor se le apareció a la mujer y le dijo: "Concebirás y darás a luz un hijo". La mujer dio a luz un hijo y lo llamó Sansón. —Jc 13:3, 24

DIC. 19

Tocados por un ángel

REFLEXIÓN. Hay ángeles entre nosotros que dan a luz la esperanza. Son las manos de Dios que nos sostienen en tiempos difíciles y nos aseguran que, el Espíritu de Dios no es indiferente a nuestras necesidades.

ORACIÓN. *San José, ayúdame a extender mi corazón y mis manos a alguien que lo necesite hoy.*

EL SEÑOR le dijo a Acaz: Pídele una señal al Señor tu Dios. —Is 7:10

DIC. 20

Señales de esperanza

REFLEXIÓN. El Adviento es la época de la expectativa y la anticipación.

Los días sombríos de noviembre dan paso a los himnos de los congregantes en las calles que esperan el comienzo de un nuevo día. Es innato en la temporada. Es la gracia de la temporada. ¡Jesús es la razón de la temporada!

ORACIÓN. *San José, ayúdanos a ser portadores de esperanza en cada temporada.*

¡ESCUCHA! Mi amado, aquí viene saltando por las montañas, saltando por las colinas. —Ct 2:8

DIC. 21

Nuestro Dios es romántico

REFLEXIÓN. El abrazo de Dios a la humanidad es total. ¿De qué otra manera podría Dios haberse encarnado?

Pero la Navidad es sólo el comienzo de la historia de amor. Continuó desarrollándose en la vida de Jesús y debe continuar desarrollándose en la vida de la Iglesia a través de ti y de mí.

ORACIÓN. *San José, oramos para que nuestro amor mutuo sea total.*

ORÉ por este niño. Ahora yo, a mi vez, se lo entrego al Señor; Mientras viva, será consagrado al Señor. —1 Sa 1:28

DIC. 22

Prototipos de Jesús

REFLEXIÓN. Las Escrituras llaman nuestra atención sobre la apertura de mujeres significativas del Antiguo y Nuevo Testamento, entre ellas María de manera preeminente.

Su apertura al Espíritu de Dios cambió el curso de la historia humana. Nuestra apertura a la palabra de Dios puede marcar una diferencia en el futuro de nuestra nación y nuestra Iglesia.

ORACIÓN. *San José, ayúdanos a ser portadores de Cristo en palabra y obra.*

ÉL HA derrotado a los que son arrogantes en los deseos de sus corazones. —Lc 1:51

DIC. 23

El cristianismo es contracultural

REFLEXIÓN. No hay nada malo en la alegría navideña y las celebraciones festivas, pero los cristianos deben ser el signo de realidades aún ocultas.

Nuestro Dios no es indiferente a las exigencias de la justicia y al imperio de la ley divina que, en última instancia, prevalecerá sobre la voluntad humana.

ORACIÓN. *San José, mantennos humildes ante la verdad última.*

EL SEÑOR también te revela que Él establecerá una casa para ti. —2 Sa 7:11

DIC. 24

Somos la casa del pan

REFLEXIÓN. Aunque una iglesia sea una joya arquitectónica, no puede compararse con la belleza de un cristiano imbuido de las cualidades de Jesús.

La fuerza de un edificio proviene de las personas de fe que se reúnen en él para alabar a Dios y partir el pan que nos hace el Cuerpo de Cristo.

ORACIÓN. *San José, ayúdanos a convertirnos en el pan que consumimos en la fiesta.*

EN ESTOS últimos días, Dios nos ha hablado a través de su Hijo. —Hb 1:2

DIC. 25

Pero no hay vuelta atrás

REFLEXIÓN. Conservamos una memoria "colectiva" del nacimiento de Jesús, para conectar la memoria de Jesús con sus muchas "venidas" a través de los siglos.

Esta memoria nos ayuda a convertirnos en instrumentos de su presencia y nos da energía para hacer el bien en nuestro tiempo y lugar.

ORACIÓN. *San José, ayúdanos a reflejar bondad y divinidad a todos los que encontramos en esta fiesta.*

MIENTRAS apedreaban a Esteban, oró en voz alta: "Señor Jesús, recibe mi espíritu". —Hch 7:59

DIC. 26

El Cristo del Calvario

REFLEXIÓN. Esta fiesta del martirio ocurre el día después de Navidad para recordarnos que el Cristo de Belén es también el Cristo del Calvario.

No tiene la intención de poner un freno a la celebración del nacimiento de Jesús, sino para asegurarnos la profundidad del amor de Cristo por la humanidad.

ORACIÓN. *San José, ayúdanos a apreciar la profundidad del amor de Dios en Cristo.*

ESA vida se hizo visible; la hemos visto y damos testimonio. —1 Jn 1:2

DIC. 27

Llamados a evangelizar

REFLEXIÓN. Un predicador es siempre un evangelista, pero un evangelista no siempre es un predicador.

En otras palabras, todos los que son bautizados en Cristo Jesús están llamados a dar testimonio del amor que nos ha llegado en Cristo Jesús, usando palabras solo cuando sea necesario.

ORACIÓN. *San José, con tu ayuda podemos vivir el amor que profesamos en Cristo Jesús.*

SE ESCUCHÓ una voz en Ramá, . . . Raquel llorando por sus hijos. —Mt 2:18

DIC. 28

Toda vida es preciosa

REFLEXIÓN. La masacre de los niños inocentes sirve como recordatorio de que la vida es preciosa desde la concepción hasta la muerte natural. En palabras del difunto cardenal Joseph Bernardin, "La vida es una vestidura sin costuras".

Tenemos el reto de contribuir a la calidad de vida en cada etapa.

ORACIÓN. *San José, ayúdanos a ser dadores de vida en todas las circunstancias.*

NO LES escribo un mandamiento nuevo, sino uno antiguo. —1 Jn 2:7

DIC. 29

Inténtelo de nuevo

REFLEXIÓN. Las palabras son las mismas, pero el mensaje es siempre nuevo. La vida cambia de un año a otro, de hecho, de un día para otra.

El mandamiento inmutable es "amar". Juan escribió que "Dios es amor y quien vive en el amor, vive en Dios".

ORACIÓN. *San José, ayúdanos a amar sin contar el costo.*

NUNCA abandonó el templo, sino que adoraba con ayuno y oración noche y día. —Lc 2:37

DIC. 30

Tiempo de silencio

REFLEXIÓN. La profetisa Ana era lo que el comentarista de las Escrituras William Barclay ha llamado "la tranquilidad en la tierra".

A medida que nos acercamos al final de otro año calendario, hacemos bien en entrar en el santuario de nuestro corazón para reflexionar sobre nuestro viaje con Jesús desde Belén hasta Jerusalén.

ORACIÓN. *San José, ayúdanos a estar atentos a la voz del Espíritu en nuestro corazón.*

QUERIDOS hijos, esta es la última hora. —1 Jn 2:16

DIC. 31

El fin es sólo el comienzo

REFLEXIÓN. En este último día del calendario, estamos invitados a reflexionar sobre cómo la Palabra de Dios ha impactado nuestras vidas durante el año pasado.

Al "partir el pan de la Palabra de Dios", debemos tener presente todo el viaje de Cristo desde Belén hasta Jerusalén.

ORACIÓN. *San José, ayúdanos a ser fieles a nuestro viaje con Jesús.*

Letanías a San José

SEÑOR, ten piedad. *Cristo, ten piedad.*
Señor, ten piedad.
Cristo, óyenos.
Cristo, escúchanos
Dios, Padre celestial,
ten piedad de nosotros.
Dios Hijo, Redentor del mundo, *ten piedad de nosotros.*
Dios Espíritu Santo,
ten piedad de nosotros.
Santísima Trinidad, un solo Dios,
ten piedad de nosotros.
Santa María, *ruega por nosotros.*
San José, *ruega por nosotros.*
Insigne descendencia de David, *ruega por nosotros.*
Luz de los Patriarcas,
ruega por nosotros.
Esposo de la Madre de Dios, *ruega por nosotros.*
Casto Custodio de la Virgen, *ruega por nosotros.*
Padre adoptivo del Hijo de Dios, *ruega por nosotros.*
Diligente Protector de Cristo, *ruega por nosotros.*
Cabeza de la Sagrada Familia, *ruega por nosotros.*
José Justo, *ruega por nosotros.*
José Castísimo,
ruega por nosotros.
José Prudente,
ruega por nosotros.
José Fuerte,
ruega por nosotros.
José Obediente,
ruega por nosotros.
José Fiel,
ruega por nosotros.
Espejo de Paciencia,
ruega por nosotros.
Amante de la Pobreza,
ruega por nosotros.
Modelo de Artesanos,
ruega por nosotros.
Gloria de la Vida Familiar,
ruega por nosotros.

Custodio de las Vírgenes,
ruega por nosotros.
Pilar de las Familias,
ruega por nosotros.
Consuelo de los miserables,
ruega por nosotros.
Esperanza de los enfermos,
ruega por nosotros.
Patrón de los moribundos,
ruega por nosotros.
[Patrón de los no nacidos,
ruega por nosotros.]
Terror de los demonios,
ruega por nosotros.
Protector de la Santa Iglesia, *ruega por nosotros.*

Cordero de Dios, que quitas los pecados del mundo; *perdónanos, Señor.*
Cordero de Dios, que quitas los pecados del mundo; *escúchanos Señor.*
Cordero de Dios, que quitas los pecados del mundo; *ten piedad de nosotros.*

℣. Le estableció señor de su casa.
℟. Y Jefe de toda su hacienda.

Oración

OREMOS. Oh Dios, en tu inefable providencia te dignaste elegir al bienaventurado José para ser el esposo de tu santísima Madre. Concédenos, te rogamos, que seamos dignos de tener por intercesor en el cielo a aquel a quien en la tierra veneramos como nuestro Protector: Tú que vives y reinas por los siglos de los siglos. ℟. *Amén.*

Oración a San José

QUERIDO San José, eres un modelo excepcional de alguien que luchó por la santidad todos los días de tu vida en la tierra. Obtén para nosotros la gracia de esforzarnos por la perfección cristiana en todo lo que hagamos o digamos. Ayúdanos a guardar los Mandamientos de Dios y de su Santa Iglesia y a practicar los Consejos Evangélicos de la manera que se aplica a nuestro estado de vida. Danos tal conciencia de las misericordias de Dios que con corazones verdaderamente agradecidos podamos manifestar su alabanza, no sólo con nuestros labios, sino también en nuestras vidas. Entreguémonos a su servicio y caminemos delante de Él en santidad y justicia todos nuestros días. Que podamos entonces alcanzar esa santidad que tú y María ahora disfrutan con todos los santos en la presencia de la Santísima Trinidad.

Oración a San José para una muerte feliz

BENDITO José, diste tu último suspiro en el abrazo amoroso de Jesús y María. Cuando el sello de la muerte termine con mi vida, ven con Jesús y María a ayudarme. Obtén para mí este consuelo para esa hora: morir con sus santos brazos a mi alrededor.

Jesús, María y José, encomiendo mi alma, viva y muriendo, en tus sagrados brazos.

NUEVOS LIBROS CATOLICOS

RECEMOS EL SANTO ROSARIO—Por el Rev. J. M. Lelen, Ph.D. —Un pequeño libro muy popular y manuable. Apropiado para llevar en el bolso. Cada Misterio gloriosamente ilustrado A TODO COLOR para inspirar la amorosa meditación. **No. 48/S**

LIBRO DE LOS SANTOS—Las vidas de los Santos ilustradas a todo color para jóvenes y adultos. Este magnífico libro representa las vidas de más de 100 Santos en palabras e imagenes. **No. 236/S**

TESORO DE ORACIONES—Por el Rev. Lorenzo Lovasik, S.V.D. Unas cuarenta Novenas populares, esmeradamente preparadas para uso privado dentre del marco litúrgico y Fiestas del Señor, de María y de algunos Santos. Ilustrado en color. **No. 346/22S**

CATECISMO ILUSTRADO SAN JOSE—Por el Rev. A. Lodders, C.SS.R.—Enseñanzas Católicas Esenciales. Este libro dará a padres, niños y maestros—de hecho a todos los interesados —las respuestas correctas acerca de los fundamentos de la Fe Católica. Ilustrado en color. **No. 68/S**

LA BIBLIA ILUSTRADA—Historias bíblicas para toda la familia. Tipo grande, ilustraciones a todo color. **No. 436/22S**

LIBRO CATOLICO DE ORACIONES—Por el Rev. M. Fitzgerald. Tipo grande. Contiene oraciones Católicas favoritas: para todos los días; para la Misa; a la Sma. Trinidad; a María; y los Santos. Ilustrado en color. **No. 438/S**

EL NIÑO JESUS DE PRAGA—Por el Rev. L. Nemec. Este hermoso libro contiene una condensada historia de la devoción al Niño Jesús y una multitud de oraciones para todas ocasiones y para varias estatuas de vida. Ilustrado. **No. 439/S**

---

catholicbookpublishing.com

See more titles now.

ISBN 978-1-958237-79-3
90000
9 781958 237793